Explorateurs de l'affect

Ruthy Azzopardi & Camille Verdier

Explorateurs de l'affect

Essai

© 2020 Ruthy Azzopardi – Camille Verdier

Éditeur : BoD-Books on Demand
12-14 rond-point des Champs-Élysées, 75008 Paris
Impression : Books on Demand, Norderstedt, Allemagne

Illustrations : Ruthy Petillantist

ISBN : 9782322253135
Dépôt légal : Octobre 2020

A toi, l'explorateur indiscret.

Introduction

La vie en société nous impose ses règles. Nous nous sentons parfois incompris, et inversement, il nous est difficile de décrypter certaines situations sociales, allant jusqu'à la perdition, nous laissant entraîner, corps et âmes dans de malheureuses aventures.

Naïveté de l'être intelligent hypersensible, et victime du grand jeu habile de l'autre à l'ego surdimensionné, nous n'avons pas su deviner à temps ses intentions.

A force de déconvenues et d'expériences traumatisantes, l'analyse des sujets "à risques" se fait instinctivement. Après une introspection, très utile pour apprendre à se connaître, nous passons à l'observation de l'autre. Une analyse vitale pour notre développement personnel, qui nous évitera probablement d'une part, de retomber dans les mêmes schémas néfastes, et d'autre part, de se refuser au bonheur présent.

L'habit ne fait pas le moine.

Vous êtes dans le métro. Il y a cet homme, assis en face de vous. Il est banal, propre sur lui, et respire la sympathie. Rien ne laisse présager, qu'il est un pickpocket surentraîné, dont il faut se méfier comme de la peste. Mais, ce n'est pas pour autant, qu'il faut en conclure que tous les hommes d'allure honnête sont d'infâmes bandits.

L'exercice est complexe, car il faut être à la fois un explorateur discret mais indiscret. Il ne faut pas que l'autre devine qu'il est en train de passer sous votre loupe, mais vous devez être suffisamment curieux et indiscret pour percer son mystère.

Nous - auteurs de cet essai - avons pris plaisir au fil des ans, à nous livrer sans honte et naturellement à l'analyse comportementale.

Nous sommes passés par la souffrance, à subir l'autre. Victimes d'un cerveau neuro-divergent aux émotions hypertrophiées et à la pensée complexe, nous cherchons des explications. Selon Virgile, "on se lasse de tout, sauf de comprendre". Après le pourquoi, vient le comment.

Nous nous livrons ici au récit de situations vécues, à la transcription de nos émotions ainsi qu'à une approche de la vie avec nos sensibilités.

Sous forme d'essai, nos réflexions personnelles agrémentées de citations, sont classées par thème et ordre alphabétique, et n'engagent que nous.

Nous vous proposons quelques illustrations en noir et blanc, neutres ; la mise en couleur vous appartient.

*

Amour et Souffrance

*

Guy de Maupassant, Une vie

Et elle se mit à rêver d'amour. L'amour ! Il l'emplissait depuis deux années de l'anxiété croissante de son approche. Maintenant elle était libre d'aimer ; elle n'avait plus qu'à le rencontrer, lui ! (...) Une vie charmante et libre commença pour Jeanne.

*

La vie d'adulte peut apprendre assez violemment à regretter son enfance, cette période d'insouciance, d'effervescence affective et de rêves exaltés par tant de bonheurs simples vécus. Harcèlement, perte d'identité, humiliations, violence, irrespect, dépendance, blessure deviennent des maux familiers.

*

Extrait n°1 – Lettre sans espoir

Bourgeon défloré, parfum perdu et perverti, dix ans de manipulations et d'amour bafoué. Cette lettre te fit bien rire : dernier espoir envolé.

Un jour, je partirai. Un jour, je me retirerai du jeu en douceur. J'étouffe. Je suis heureuse en pointillés, mais ils s'espacent de jour en jour. Je n'espère plus rien. J'attends que le temps passe et fasse grandir mes enfants.

Je partirai. Ceci n'est pas une menace. Je constate que mon cœur se vide au lieu de se remplir. J'ai mal aux sentiments. A chaque injustice, je perds un petit peu quelque chose. Chaque saut d'humeur me laisse perplexe, froide et vide.

Est-ce vraiment la peine de se laisser aller si rapidement ? Faut-il si facilement déverser un flot d'injures humiliantes, dégradantes pour des rien ?

*

Friedrich Hölderlin, poète et philosophe allemand

Haut tendit mon esprit, mais l'amour avec, beauté le rabattit ; la douleur le ploya plus violemment ; ainsi j'ai parcouru l'arc de la vie et je reviens d'où je partis.

*

Extrait n°2 – Lettre sans espoir

Tu t'installes dans une logique de vie qui me fait si peur, comme si, quoi qu'il arrive tu en maîtrisais le sort. J'ai besoin d'air. Tu me cloisonnes, tu me manipules, tu me tyrannises. Je n'ai pas besoin de cela. Je ne supporte plus le fait d'espérer. J'entends "ça ira mieux quand on sera en vacances", "ça ira mieux quand on aura de l'argent", etc. Cela ira mieux quand toi, tu l'auras décidé.

Ma vision de l'avenir change. Détrompe-toi, je ne suis pas faible de caractère, ou avec un esprit malade, comme tu l'insinues si souvent. Je n'ai plus envie d'aimer parce qu'il le faut.

*

Erich Fromm, psychanalyste allemand

L'amour est un art qui demande créativité et effort. Il ne saurait se réduire à une sensation agréable, dont l'expérience est affaire de hasard.

*

Extrait n°3 – Lettre sans espoir

Je ressens du fiel, ça sent le pourri ici. Tu décides seul, faisant fi de mes envies, de mes goûts, et de mes réponses. On peut faire beaucoup de choses seul, certes, mais on ne peut pas en décider ainsi pour l'amour. S'il-te-plaît, ne te laisse pas aller. Rien n'est acquis. Considère-moi comme ta chair, et tu verras les choses autrement. Arrête de penser que tu es en territoire ennemi. Replace tes limites. Je vais avoir du mal à supporter qu'elles se déplacent encore petit-à-petit et m'obligent, me réduisent, me cantonnent à un vernis de sentiments, à un semblant d'espoir qu'un jour, cela ira mieux.

*

Les Mille et Une nuits

L'amour est une douceur dont le jus est savoureux et la pâte amère.

*

Extrait n° 4 – Lettre sans espoir

Les malheurs arrivent si vite. Nous avons de beaux enfants, une maison, une situation professionnelle, mais pour que la vie ait un sens à quatre, il ne faut pas la gâcher. Je ne suis pas parfaite, j'ai mes torts, mais je ne te considère, ou devrais-je dire "considérais" pas comme toi, tu le fais. Tu ne m'aimes pas, j'en suis maintenant convaincue. J'ai besoin de complicité, de séduction, de stabilité, et non d'un compagnon lunatique et violent. Cela me déstabilise.

Comment faut-il aimer ? Comment faut-il considérer l'autre ? Comment faut-il considérer la vie à deux ? Il s'agit d'une vie, pas deux. Nous n'avons qu'une vie.

*

Raul Gustavo Aguirre, poète argentin

Ma vie est ici, où tu es, ma vie est cela et il n'y a pas d'autre vie.

*

Extrait n° 5 – Lettre sans espoir

Faut-il aimer follement au début, raisonnablement au milieu et juste ce qu'il faut pour la finir ensemble ? Faut-il vivre ainsi avec en note majeure, l'égoïsme et la goujaterie ? Faut-il avoir face à soi, un individu souhaitant sauver honneur, respect et droit au bien-penser ?

"Si on ne m'aime pas, on doit me respecter, et si on ne me respecte pas, il faut alors me craindre", rabâches-tu. Je n'ai pas envie de te craindre. Je suis trop souvent qualifiée de femme de mauvaise vie, de malade et de personne à faible intelligence. Tu me détestes au point de m'humilier à chaque fois que tu en as l'occasion ou le prétexte. Tu abuses de moi. Tu abuses de ta force.

*

Robert Musil, écrivain autrichien

Notre désir n'est pas de ne faire plus qu'un seul être, mais au contraire d'échapper à notre prison, à notre unité, de nous unir pour devenir deux, mais de préférence encore douze, mille, un grand nombre d'êtres, d'être ravis à nous-mêmes.

*

Extrait n° 6 – Lettre sans espoir

La coupe est pleine. Il n'y a plus de place pour d'autres méchancetés, et même si tu prétends m'aimer, je ne te crois plus. Tu as su si bien me démontrer le contraire. Les paroles sont le reflet de ce qu'il y a à l'intérieur. C'est comme cela. Et si on faisait comme s'il ne nous restait plus longtemps à vivre ? Et si nous pensions aux "vraies choses" ? Pardon, ta réponse résonne encore dans mon esprit ; je suis "malade" et je ferais mieux d'aller prendre des médicaments.

*

Isadora Duncan, danseuse américaine

Tout ce qu'il faut pour rendre ce monde plus habitable, c'est l'amour.

*

Extrait n°7 – Lettre sans espoir

Je n'ai pas besoin de médicaments, mais simplement d'être aimée comme il faut.

*

Ursula Le Guin, écrivaine américaine

L'amour n'est pas posé là, comme une pierre ; il doit être fait, façonné, pétri comme du pain, refait tout le temps, fait à neuf.

*

Cyril Connolly, écrivain britannique

Une vie sans amour m'est toujours apparue comme une opération sans anesthésie.

*

Søren Kierkegaard, écrivain et philosophe danois

L'amour est tout : aussi, pour qui aime, toute chose perd sa signification propre et n'en prend que par l'interprétation qu'en donne l'amour.

*

Inversement, suis-je en train de retrouver la bonne interprétation de toute chose, en perdant cet amour bafoué ? Vais-je enfin ouvrir les yeux ?

*

Guy de Maupassant, Une vie

La vie, voyez-vous, ça n'est jamais si bon ni si mauvais qu'on croit.

*

Je n'ai envie ni de richesses, ni de dépendance. J'ai envie d'un amour ; non pas celui qui est remis en question, quand on le blesse, coup après coup. Celui-là, il s'émousse, se rétrécit comme une peau de chagrin.

*

Catulle, poète romain

Aux serments qu'on nous tient que nulle ne se fie et n'attende d'un homme une parole vraie !

Dans leur impatience à gagner nos faveurs ils n'épargnent sans peur ni serments ni promesses mais, une fois comblé le désir qui les presse, ils bravent leur parole et sourient des parjures.

*

Christel Petitcollin, conseil en communication et développement personnel et écrivaine

L'amour ne fait pas souffrir. C'est la dépendance affective qui fait souffrir. (...) Dans une relation de dépendance affective, tout est compliqué et destructeur. On se comporte comme un drogué avec sa came, alternant crises de manque, soulagement passager et envie de décrocher. (...) Cessez de vouloir réparer les autres. Occupez-vous de vous, pour être vous-même réparé, donc en état de créer un couple harmonieux. Une relation saine risque de vous paraître fade, enfin au début !

*

Bonheur

*

C2C, groupe français de quatre Djs

You'll never feel happy,
Vous ne vous sentirez jamais heureux,
Never feel happy, no you won't, until you try!
Jamais heureux, non, tant que vous n'essayez pas!

*

Bonheur : état de pleine et entière satisfaction.

*

Keanu Reeves, acteur, autiste asperger

La personne qui retenait mon bonheur, c'était moi.

*

Théognis, fragments

On se fait une fausse idée du bonheur qu'on n'a point éprouvé. Rien de pire que le préjugé, rien de préférable à l'expérience.

*

Le bonheur est là, mais l'histoire le perturbe.

*

Richard Forestier, dictionnaire raisonné de l'art en médecine

Le bonheur, c'est être heureux. Cependant, cet état qui devrait être simple, accessible à tous et le plus fréquent possible, est très souvent perturbé par les petits tracas de la vie quotidienne.(…) Confronté à l'idéal de vie, le bonheur est quelquefois assimilé à l'idée qu'il recouvre.(…) L'art-thérapie moderne tente de repositionner cette situation bienheureuse dans la réalité de la vie quotidienne. Ainsi, l'activité artistique, l'œuvre, l'éventuelle satisfaction obtenue sont des instants et états, voire des séquences où l'humanité domine la pénalité sanitaire. La réalité peut s'imposer à l'idée. Être heureux est parfois un bonheur artistique.

*

Platon

Ce dont, il faut faire le plus de cas, ce n'est pas de vivre, mais de vivre bien.

*

Paratge, écrivain contemporain

Un peu d'air ce n'est rien, mais dans une bouée ça maintient la tête hors de l'eau.

*

Horace

Sur les flots, sur les grands chemins, nous poursuivons le bonheur. Mais il est ici, le bonheur.

*

Charles Trenet, auteur-compositeur-interprète français

Le bonheur est un astre volage qui s'enfuit à l'appel de bien des rendez-vous (...) cherchez-le, il est un peu partout.

*

Quelle est votre idée du bonheur ? Réponses d'internautes :

- Vivre le présent.

- LE bonheur, c'est comme LA liberté, ça n'existe pas ! Par contre, les libertés, les bonheurs, oui ! Comme son nom l'indique, ce sont des heures bonnes !

- Le bonheur est un chemin et non un but. Le bonheur c'est de savourer l'instant présent, et chaque instant mis bout à bout peut représenter le bonheur. Le bonheur est une sensation subtile, un parfum volatile, mais pas un état. Bref, le bonheur existe moins que l'idée que l'on s'en fait.

- A présent ? C'est Carpe diem et on verra bien ce qui se passe !

*

Kantaly de Rochas, évrivaine

Le bonheur, tellement de choses ! Je ne peux répondre en quelques mots.

*

Le bonheur, c'est un peu comme le dit Edith Piaf, dans "Non, je ne regrette rien". Ni le bien, ni le mal qu'on nous a fait, tout cela nous est bien égal. On se fout du passé.

*

Henri Matisse, peintre

Il y a des fleurs de partout pour qui veut bien les voir.

*

Autisme

Je respire à pleins bonheurs ! Il est tellement bon de goûter à de petits bonheurs qui nous paraissent de grandes victoires !

Mathis a "partagé" hier avec un autre enfant. "Vous avez vu !" J'avais un sourire béa. "C'est génial !" On apprécie chaque détail de vie, quitte à passer pour une illuminée lorsqu'on a un enfant handicapé.

Mon coeur est joyeux, léger et s'emplit de bonheur à chaque évolution de Mathis.

*

P-A Caron Beaumarchais (Le mariage de Figaro)

J'aime ta joie parce qu'elle est folle ; elle annonce que tu es heureux.

*

Le bonheur est entré dans ma vie avec mes trois enfants. Il s'est installé avec l'amour de Stéphane, mon second mari, compagnon intelligent, à l'écoute, patient, doux, dont l'humour me met à rude épreuve. Un atypique créatif, peu expressif, toujours près à soutenir le plus fou de mes projets. Un amour qui n'était pas forcément évident pour moi : est-il sincère ? Quelle est la contrepartie ? J'avais toutefois cette impression de le connaître depuis toujours ; une vie sans jugement, c'est surprenant.

*

Confinement

*

Vous avez envie de :

- sortir au cinéma ou au théâtre,
- boire un verre au soleil assis à la terrasse d'un café,
- faire du sport dans votre club préféré,
- vivre une soirée sans stress,
- faire votre shopping librement,
- accepter une invitation et vous y rendre avec votre enfant en toute "insouciance",
- faire un travail épanouissant à l'extérieur,
- profiter que les enfants sont à l'école pour faire vos occupations librement,
- vivre un week-end en amoureux,
- aller chez le médecin ou le dentiste sans crainte, etc.

Mais ce n'est pas possible. Oui, c'est le confinement.

Alors vous n'avez le droit que de :

- faire vos courses rapidement,
- vivre un moment extérieur (pour ceux qui n'ont pas de jardin) assez court et frustrant,
- garder vos enfants à la maison et leur faire l'école

(alors que vous n'êtes ni professeur, ni enseignant spécialisé et encore moins payé)
- réorganiser votre quotidien sans perdre pied,
- garder le moral et ne pas succomber à la frustration,
- vous dire que de toute façon, c'est une question de vie ou de mort,
- vous fabriquer un masque et trouver des astuces pour palier au manque et à la mauvaise gestion de cette crise par notre gouvernement,
- faire de "l'éducation" auprès de la population qui, ne comprenant pas la situation, s'obstine à dire des idioties ; cela vous agace et vous pèse, ajoutant du stress à votre quotidien,
- espérer que si vous êtes malade, on saura vous écouter, vous diagnostiquer et vous apporter l'aide nécessaire.

Et tout ceci en demandant l'autorisation (à remplir en indiquant bien l'heure de départ).

Alors, vous vous dites, "vivement que cela se termine", reconnaissant tout de même que cette situation vous apprend à revenir aux choses essentielles, basiques et vitales, sachant que "c'est pour le bien". Bienvenue dans le monde de l'autisme et du handicap. Il nous faut sans cesse demander des dérogations, des autorisations, et vivre chaque instant dans le stress, la frustration, la réorganisation perpétuelle, la justification et l'éducation de notre entourage. Nous, parents d'enfants en situation de handicap, vous comprenons et espérons que ce bref passage dans le monde du confinement, vous aidera à comprendre que pour nous, c'est à vie. Et que si parfois on vous casse les pieds avec nos posts répétés sur l'autisme sur les réseaux sociaux, c'est pour vous sensibiliser. Merci à tous. Prenez soin de vous, restez chez vous.

*

Vous vous délectez de photos sur *facebook* vous permettant de vous évader de votre confinement. C'est ce que je ressens quand vous postez les vôtres à l'occasion d'un voyage ou d'une visite de musée. Je me dis que notre confinement de parents d'enfants différents se verra progressivement au fil des ans, allégé. Je m'évade, me nourris, me délecte, m'inspire, et cela permet de me battre. Et je trouve qu'en cela, le réseau social m'aide.

*

Confinement : que vous apporte-t-il ?

Ce confinement nous laisse à fleur de peau, et nous ramène vite (via une chanson, un mot dit, une odeur, une couleur) à un trauma qu'on croyait bien enfoui. Les peurs ressurgissent.

J'entamais un gros chantier sur mon passé et mon fonctionnement cérébral. Diagnostiquée en janvier 2020, à 46 ans, Haut Potentiel Intellectuel hétérogène (surdouée complexe) avec troubles de l'intégration sensorielle, ce fut une annonce à deux vitesses. Cela m'a posée, apaisée, comme une renaissance (découvrir comment je fonctionne et ne plus chercher les pourquoi mais les comment) ; puis le second effet, plus perfide, sur fond de bouffées d'angoisses, de cauchemars associés à un trauma de passé, manipulé. Sur ce, le covid arrive. Le confinement est mon quotidien. Mathis, autiste, scolarisé à la maison, et nos deux tempéraments plutôt casaniers : pas trop de difficultés à rester chez nous, au contraire, pas de visites imprévues à craindre. Faire les courses : sujet peu réjouissant avant. Super angoissant maintenant. La première fois que j'ai eu à sortir pour faire les courses masquées, m'a perturbée la veille, la nuit et m'a demandé 2 heures de préparation pour enfin sortir. Effondrement ensuite. Revoir l'organisation de sa vie, se recentrer sur les basiques et valeurs saines, est un exercice que Mathis nous a appris à réviser, à appliquer et à apprécier.

Pendant ce temps à des centaines de kilomètres, l'atmosphère familiale devient ultra toxique. Une crise cardiaque (prise à temps) plus tard et me voilà quasi officiellement exclue du clan, "orpheline" du vivant parental. Choc auquel j'étais déjà habituée mais en cette période de bouffées d'angoisses, cela n'arrange rien. Mes grands enfants loin de moi, qui surnagent, l'un se blindant face au lavage de cerveau d'un manipulateur, et l'autre surnageant au milieu de ses troubles de fonctionnement exécutif. Le confinement "arrête le temps", mais pas les événements de vie. Je ressens un décalage, comme si la vie se jouait sans qu'on puisse intervenir, en spectateur.

Le confinement exacerbe le sentiment d'éloignement, de séparation et d'isolement ; alors que peut être en temps normal, on n'aurait pas été si pressé de se voir, de se toucher, ou de s'embrasser. Comme le dit une internaute, "ça me manque de décider de ne pas sortir".

J'observe aussi des frustrations chez les "hyper-occupés", ceux dont le bonheur et l'équilibre dépend pour beaucoup de la sortie shopping, cinéma, théatre, entre amis, ceux à la recherche insatiable de satisfaction et d'occupation par le loisir et les sorties, ainsi que les parents en panique, craignant que leur progéniture ne s'ennuie (en dehors des cas particuliers des enfants à besoins spécifiques). Rassurez-vous, comme le souligne *Dominique Sappey-Marinier*, enseignant-chercheur en neurosciences, biophysique et imagerie médicale à la faculté de médecine de l'université de Lyon, il est utile chez les enfants de "s'ennuyer", pour faire fonctionner son réseau autoroutier cérébral par défaut, et ainsi favoriser la créativité. C'est l'occasion pour les exclus, les atypiques, les précaires, de montrer ce à quoi ressemble leur quotidien, bien avant le covid.

Quand la vie t'oblige à supprimer 95 % de tes envies de loisirs, de détente, de décompression, de divertissement de ton quotidien, des choses qui paraissent banales car on s'y habitue (et on en vient à les considérer comme des besoins), la frustration due au confinement est proportionnelle à l'approche qu'on en fait avant l'abstinence. Pour certains (et tant mieux pour eux), la frustration est momentanée. Pour les autres, la survie reste le seule besoin pressant.

Une internaute dit :

- J'espère que certains prendront enfin conscience de ce qui est le plus important dans la vie. Les frustrations sont aussi là pour réaliser qu'on a de la chance par rapport à ceux qui vivent par obligation dans ce cas de figure H24. Empathie, compréhension et solidarité. Ces qualités de cœur qui semblent ne pas toucher certains.

Ce à quoi je réponds :

- Naïveté oblige, on peut espérer. Mais en réalité, on est comme on naît.

Il y a donc, un autre effet Covid, je trouve : la révélation. Certains se révèlent, sur fond de panique et nous facilitent ainsi le tri.

*

Et vous, que vous apporte ce confinement ? Réponses d'internautes :

- Du temps et du repos, même avec les enfants.

- Pour moi ma réponse sera "Joker", comme les cartes !

- Un voyage intérieur, et une façon aussi de compter les vrais amis.

- La proximité et la disponibilité auront amélioré la relation parent/enfant : mieux se connaître. Belle leçon de la nature qui a repris certains droits, au bout de quinze jours elle était déjà en émoi (oiseaux, abeilles, fleurs). Faire passer le cap d'état d'angoisse d'être confiné aux enfants à une prise de conscience du bénéfice de se retrouver et de prendre le temps de faire des choses plus intellectuelles et philosophiques, partager des notions. Soutenir et avoir de la reconnaissance pour toutes ces personnes qui ont continué à l'extérieur à se battre. Et pour finir, que chacun puisse raisonner de manière individuelle et partager ses opinions en étant d'abord à l'écoute et non pollué par des interactions sauvages. Libérons la parole, laissons l'introspection agir. "Nos esprits perdent leur fécondité à trop se laisser remplir par le vide des tapages extérieurs", Christophe André.

- Se recentrer famille, travailler à devenir meilleur dans notre vie collective et familiale.

- Une pause, un temps de réflexion.

- Alors.... Soit fuir de ce pays ou revoir mes objectifs de vie, en autonomie. Le virus vient nous démontrer, à la vue de tout le monde que se sont de gros **** et que de nos vies ils s'en foutent, mais royal ! Et ce n'est que la première vague, il y en aura sûrement d'autres et plus fortes. Comme par hasard on n'entend aucune information d'autres pays, sauf sur les réseaux sociaux, pour éviter sûrement d'alerter les cerveaux déjà ramollis de certains qui ne voient qu'en les politiques.

- Enfin! Un retour aux normes. Fini la course pressée qui épuise la planète et calfeutre les animaux. Espérer que plus jamais rien ne sera comme avant !

- Profiter du temps qui s'écoule doucement avec mon fils. Chaque jour compte, l'après on verra, aucun scénario...car si on nous avait dit avant qu'on allait vivre cette crise, ça aurait changé quoi ? L'homme est plus désespérant qu'autre chose, si ce n'est une minorité de rêveurs libres, dans notre bulle. Carpediem.

- Beaucoup de réflexion, de création, et aussi un retour sur moi même ! Et puis j'apprends à mieux découvrir quelques amis Facebook.

- Peut-être seulement, s'il fallait en garder quelque chose, alors noter le courage de certains. Pour ma part, je n'ai absolument pas besoin de ce type d'événement pour me sentir en grande empathie avec autrui.

- Un temps pour moi. Un temps pour nous, en couple.

- L'inventaire complet de mon attirail de cuisine !

- Du repos et du ménage !

- La confirmation qu'on n'est pas gouverné par des bons. Sinon, ça va. Des vacances obligées en ce printemps clément. Je pense à ceux qui travaillent et qui souffrent.

- Une grosse remise en question.

- Déjà, une semaine de vacances surprise que je n'avais pas pu prendre depuis longtemps. Du temps pour rattraper mon retard sur mes projets de dessins. Du temps pour me mettre à jour dans la paperasserie. Du temps pour tellement de choses que je n'avais plus le loisir de prendre pour des choses pourtant essentielles comme lire, appeler la famille à des heures raisonnables ou les amis de longue date. Du temps pour ranger et faire le nettoyage de printemps dans la maison. La possibilité de ne pas culpabiliser de prendre toute une matinée ou un après midi pour ne rien faire ; mais ne rien faire, c'est penser à soi, aux autres, au monde, ou regarder le ciel (bon ça, je le fais de toute façon). Voilà je ne citerai pas le négatif parce que je n'ai pas le pouvoir dessus, comme les décisions du gouvernement ou le comportement stupide des gens. Je ne garde que le positif. Voilà ce que le confinement m'a apporté : la certitude que mes valeurs sont les bonnes et que le temps que l'on sacrifie pour notre travail, on doit en préserver tout autant pour la vie qu'on aime et ceux qu'on aime.

- Beaucoup de stress.

- Des questions.

- Du stress, le vide que laissent mes parents quand je ne les vois pas et la peur de ressortir, pour le négatif. Profiter de sa famille et un peu de repos, pour le positif.

- Du temps pour créer et partager.

- La liberté de vivre à mon rythme.

- Des économies.

- Ne plus courir, prendre du temps pour soi et renouer les contacts. Profiter de son enfant. Observer les oiseaux et écouter leur chant. Respirer un air pur.

- Du repos et surtout profiter de supers moments passés avec mon fils et mon mari.

- Du temps pour moi et du repos. Être près de mes garçons que j'aime.

- Du temps pour lire et mettre mes idées en ordre : éternelles remises en questions. Me motiver pour sortir, faire ses satanées courses. Ménage de printemps, faire prendre le bain à mes "bestioles". Création d'un jardin de terrasse. Projet de création d'entreprise (périlleux, le monde horticole a morflé avec le covid). Faire des petits plats et gâteaux pour mon homme et notre fils. Apprendre le fonctionnement des applications sur smartphone pour voir la famille. Prendre du temps pour rêvasser et pour la farniente.

- Du silence, du calme.

*

Joan Miro, peintre espagnol

En fait, dans tous les mouvements d'école, ce n'est que l'homme qui compte, tout le reste n'est que de la blague et de la plaisanterie. Ce n'est que l'individu avec une grande force humaine qui s'impose, tous les autres ne sont que des marionnettes ridicules.

*

Coronavirus, le déconfinement : la vie d'après

"Je pense que peu de personnes ont pris conscience de cette situation et espèrent encore un retour à la vie normale après le déconfinement et souhaitent en retarder la date. Mais il n'y aura pas de retour à la vie d'avant et il nous faut désormais apprendre à vivre avec cet ennemi invisible qui va nous obliger à vivre autrement aussi bien dans les écoles, dans les entreprises et même dans les familles." *Christine Philip,* Conférencière, formatrice pour l'inclusion des personnes autistes, TDAH, de l'enfance à l'âge adulte.

*

"L'enjeu n'est pas "la vie d'après" mais "la vie avec". Pour le politologue *Arnaud Mercier*, la manière dont certains posent le débat s'apparente à un déni des contraintes de la vie d'après.(...) C'est toute la chaîne de confiance qui est durablement affectée et toutes les habitudes de participation à des activités collectives vont devoir être remises en cause.(...) À cet égard, la manière dont certains posent le débat sur le futur déconfinement a quelque chose de surréaliste et révèle le maintien de blocages psychiques qui s'apparentent à un déni des contraintes de la vie d'après. On voit fleurir des discours d'espoir, planant en apesanteur, où le souhait ardent de revenir à la normale au plus vite tient de la prophétie autoréalisatrice. On entend des projections en gradations successives, faisant de mars-avril une période noire, de mai-juin une ère gris foncé et de l'été, le sas de décompression vers un retour à la normalité en septembre. (...) Barrière psychique pour se rassurer et se dire qu'au-delà de cette date, nous avons vocation à retrouver nos routines et notre vie d'avant." *Article Le Point du 20/04/2020.*

*

Vivre avec, est-ce en accepter le risque ? Êtes-vous prêts pour la vie d'après ? Réponses d'internautes :

- Sur une île déserte, ou en Lozère, avec plaisir, mais pas avec M. ou Mme Covid ! Pas simple du tout effectivement d'être contraint de changer nos modes de vie, de relations sociales, etc. J'ai du mal à me projeter, à réaliser pour le moment. C'est au jour le jour. Comme j'étais malade pendant des semaines, je suis contente d'être guérie et en vie. Donc, l'avenir, c'est advienne que pourra, dans ma bulle. *Femme atteinte du covid19.*

- Je ne sais pas si je suis prête, mais il parait évident que la vie d'après, ne sera plus jamais comme avant. Quelque part, ça remet les idées en place. Rien n'est jamais acquis, notre liberté sera conditionnelle. C'est assez flippant, alors, pour l'instant, ma philosophie c'est de vivre au jour le jour avec quelque part une énième épée de Damoclès au dessus de la tête. *Femme, en situation précaire, sans emploi.*

- Prête très moyennement. Et vivre avec : malheureusement. Je pense que l'angoisse sera présente assez longtemps, pour moi, par rapport à mon fils. A l'inverse, les bises et accolades affectueuses vont me manquer. Ce sera vivre autrement. Actuellement, je ne pense pas que les mentalités changeront, on le voit déjà avec ce confinement, cela rend même certains très acerbes. Long débat. *Femme, ayant à charge son fils, jeune adulte trisomique.*

- Je pense que ce confinement nous aura appris combien les autres peuvent compter et pourquoi nous devons protection aux plus faibles. On aura appris la distanciation qui devrait nous amener vers le respect. Les bises systématiques, légèrement hypocrites et parfois données sans raison à de parfait.e.s inconnu.e.s croisé.e.s lors d'un dîner amical, d'une sortie ou même à des collègues que l'on n'apprécie pas plus, seront rancardisées pour laisser place à un véritable apprentissage de l'autre. Retourner vers l'essentiel des relations humaines pourrait être quelque chose

que nous devrions redécouvrir. Toutefois, je pense que c'est un vœu pieux, l'Homme du 21ème siècle n'a plus rien d'humain. *Isabelle Lamy, architecte d'intérieur, designer et écrivaine.*

- Je ne serre jamais la main à Monsieur et Madame Covid. C'est le gel entre nous et j'avance toujours masqué de peur de me faire reconnaître. Vaut mieux prendre ses distances avec ces gens-là ! *Guy Lo Pinto, peintre.*

- Tout dépend de notre "empreinte" de vie dans cette société. Nous étions avant ce traumatisme mondial, des hypers consommateurs sans se soucier du lendemain. Le lendemain nous l'avons pris en pleine face, révélant notre incapacité à faire front au virus. Les soi-disant pays émergents ont géré le problème mieux que nous avec une économie plus faible. Nous nous sommes encore assis sur les beaux et fameux lauriers de cette grande France d'il y a 3 siècles ! Alors oui, ça va changer, certains.es vont s'accrocher encore à ce système de "l'avoir" et d'autres vont revoir leur mode de vie et consommation. "Une agglomération", joli mot pour indiquer que l'on fait en sorte de "coller" les gens les uns contre les autres pour mieux qu'ils soient uniformisés ! On verbalise à outrance des gens qui vont faire leur courses dans les petits commerces, tout en privilégiant les centres commerciaux. La logique de ce monde est à revoir ! Chacun maintenant voit le virus à sa porte et fera en son âme et conscience et peut-être pour protéger sa vie future. Mais l'homme est un égoïste qui ne voit que la facilité. Alors oui, j'espère que 1+1+1+1+1 feront les personnes de demain pour revoir la nature au plus près et au centre de nos vies. Hollande disait que le changement, c'est maintenant. *Laurent De Saever, sculpteur.*

*

L'autoroute des réseaux sociaux va désengorger, les "sollicitations" vont se calmer. Dans la peau d'une hypersensible, maniaque, méticuleuse, curieuse, hyperactive, les "sollicitations" des internautes confinés qui s'ennuient, m'ont, au départ, accaparé l'esprit. Je n'ai pas fait attention, car habituée à mon rythme de croisière sur les réseaux. C'était sympa, mais en même temps fatiguant et finalement stressant. Il a fallu replacer mes limites, et ne pas faire le chien fou prêt à attraper n'importe quel os lancé. Cela fait plaisir, car confinée, mes relations sociales ne sont pas nombreuses, et cela permet d'échanger sur certains sujets, sans attendre des jours avant d'avoir une réponse, car les internautes étaient là, chez eux, assoiffés de contact, avec grand besoin d'occupation. Moi, des occupations, j'en ai, en tant qu'aidante et enseignante d'un enfant autiste. Je sais cela peut paraître bizarre, mais quand tout le monde aura repris le chemin "de la liberté", moi je serai toujours derrière "mes barreaux", laissant un vide dans ma vie sociale virtuelle.

*

Couleur

*

Artiste peintre, je trouve que les couleurs sont l'expression de l'âme.

Le monochrome est plat, ennuyeux et vide comme un cerveau dépourvu de synapses. Comment exprimer la joie, la tristesse, la colère, la haine, ou la peur sans couleurs ?

J'ai beaucoup de difficultés à laisser une œuvre en noir et blanc. Cela me donne l'impression qu'elle est sans vie, qu'elle n'a rien à raconter, qu'aucune connexion se fait entre les formes et qu'elle est privée de personnalité.

S'il s'agit d'un croquis, je trouve normal de le laisser en l'état ; il sera rendu vivant par la couleur, lors de la réalisation de l'œuvre définitive. Les couleurs de mes œuvres sont aussi vives et intenses que mes états d'âmes.

Mais attention, une œuvre peut paraître joyeuse et inspirer la positivité, la plénitude d'un bonheur absolu, alors qu'elle est, à contrario, le symbole de la noirceur de mon âme.

L'expression de mes angoisses, de mes peurs, de ma colère et de mes désillusions se matérialise par l'usage insolent de la couleur.

Suis-je incapable de mettre la "vraie" noirceur sur la toile ? Peut-on l'exprimer autrement que par la couleur noire ou grise ? Lorsque je produirai en noir et blanc, cela voudra-t-il dire qu'enfin je maîtrise mon affect, que le monochrome n'est pas que vide et ennuyeux ?

*

Hugo von Hofmannsthal, écrivain autrichien

Et pourquoi les couleurs ne seraient-elles pas sœurs des douleurs, puisque les unes et les autres nous attirent dans l'éternel ?

*

Dans son passionnant ouvrage "Voix visibles", *Chan Ky-Yut*, nous révèle que la plupart des gens n'utilisent guère plus de la moitié de leur capacité pulmonaire. Il ajoute que si on l'utilise pleinement, le diaphragme s'abaisse, la respiration se fait très douce, et toute nervosité disparaît.

« Si d'aventure je m'arrête pour m'interroger sur le choix de la couleur, ma respiration change. Le cerveau seul travaille, j'échoue. Les couleurs que je choisis sont liées à ma respiration profonde, qui les transmet au papier."

*

Courage

*

Sénèque, philosophe latin

Animus ex ipsa desperatione sumatur. Tirons notre courage de notre désespoir même.

*

Peut-on réellement mesurer le courage ? Existe-t-il du courage de façade, superficiel, voire égocentrique.

Certains ont un courage mêlé d'assurance, un courage envahi d'orgueil. On dirait qu'ils ont le souhait d'être respecté et adulé pour ce qu'ils sont : des être courageux et forts qui en font deux fois plus que les autres. Peut-on confondre courage et ambition malsaine ?

D'autres manifestent un courage altruiste, prêt à aider les autres, mais ils sont incapables de s'aider soi-même. Un courage limité pour avancer sans doutes, et trop incertain pour être fier de soi et se dire que l'on est fort.

*

Faire face le jour, se rassurer la nuit.

*

Dépression

*

Désillusion, tristesse, douce mélancolie qui me souhaitent le bonjour chaque matin, et me bordent le soir. Pourquoi me harcelez-vous ? Vaillant, je t'admire. Faible d'esprit, je te connais trop bien. L'esprit joue des tours au corps. Il le torture, le freine. L'esprit s'en fiche du résultat. Il s'affirme malgré tout, et s'impose. Serait-il malade ?

Cherchons la clé qui pourra verrouiller le couloir obscur et délivrer le corps. Otage de ma vie. Otage de mes sentiments.

*

Une blessure ne sert à rien d'utile, ni de constructif.

Ma chandelle se meurt. Chacun pour soi, et qui pour tous ? Je me sens si seule. Ma vie est jouée. Mon chagrin : les yeux bouffis, la tête dans un étau, je le crois éternel. Il est tellement égoïste, qu'il prend toute la place, et m'empêche de respirer.

*

Avoir la sensation de brûlure, comme si le cerveau surchauffe. Ne pas trouver le bouton off. Avoir l'esprit brouillé tournant en boucle d'incapacité.

*

Désillusion

*

Douce chimère et trompe-l'oeil amer. Rester lucide et n'accorder que peu d'importance aux faux espoirs. Naïfs que nous sommes, les hypersensibles, combien de fois serons-nous en proie à la désillusion ?

*

Joan Miro, peintre espagnol

Partout on trouve le soleil, un brin d'herbe, les spirales de la libellule. Le courage consiste à rester chez soi, près de la nature qui ne tient aucun compte de nos désastres.

*

M. Pleynet, poète, critique d'art, essayiste français

Miro découvre (…) que la vraie qualité de l'art moderne (…) c'est d'être un jeu, c'est d'être au-delà des illusions positives, le jeu fou et sérieux de la vie.

*

Ne pas craindre la désillusion permet d'avancer malgré elle, et de se tourner vers le plus possible de sources de vérités constructives.

*

Folie

*

Mithridatiser : immuniser quelqu'un contre le poison par une accoutumance progressive. Peut-on être immunisé contre la toxicité d'un individu ? Subir les effets d'une personne qui perd la raison est assez comparable à une mithridatisation. Ma mère a sombré dans une sorte de démence. Mais pas que. Border line et manipulatrice, elle est. Adolescente, j'ai parcouru des ouvrages traitant des maladies psychiatriques. Dans un premier temps, je pensais à une névrose, car elle semblait être consciente de son changement d'état lors de ses crises. Je ne sais pas à quel moment, le passage vers la psychose s'est opéré. Une "décompensation" irréversible qui fait des ravages sur l'entourage et isole. Je suis sa bête noire, son sujet de transe, celui à éviter. Affabulations insensées à mon égard alimentées par son aversion paranoïaque des femmes, détournent de l'équation la genèse de ses maux : sa génitrice violente. Après l'incompréhension, la tristesse, puis la honte. Vient la paranoïa. Ne me regardez pas comme si l'on pouvait apercevoir quelques traits de démence, ou stigmates névrotiques héréditaires. Ne me jaugez pas au travers du prisme maternel, comme un référentiel. Je me sens plus immunisée par accoutumance, que contaminée et perdue.

*

Haine

*

Horace, poète latin

Ira furor brevis est. La colère est une courte folie.

*

J'ai du dégoût. J'ai de la haine. J'éprouve de la joie, mais pas assez en ce moment. Qu'en dites-vous ?

*

Antoinette, je te hais

Maman est malade, fragile, suicidaire et imprévisible. Quand la maladie lui laisse un répit, elle se révèle : débordante d'affection, d'amour et de tendresse. Sa finesse, son intelligence, et sa vivacité nous profitent sans demie-mesure. Elle a su nous éveiller, nous rendre curieux de tout, créatifs et spontanés. Elle aime rire et chanter. Sa combativité face à la douleur physique que lui impose son corps meurtri est exemplaire et héroïque. Malheureusement, on ne peut pas lutter contre les douleurs morales, psychologiques subies dans son enfance. Elles nous rattrapent chaque jour.

Le malaise agit, prend son rythme et instaure des cycles. Les cycles s'enchaînent et, le temps passant, deviennent de plus en plus longs et rapprochés.

Maman se renferme, devient hermétique, susceptible, négative et démente.

A qui la faute ? A cette femme qu'on appelle sa mère, Antoinette. Elle ne mérite pas ce titre ; elle ne mérite pas de vivre ; elle ne mérite pas de respirer ou d'exister.

C'est une erreur. Si elle n'était pas née, je ne serai pas là, à écrire, à reprocher, à m'interroger et à me lamenter. Il aurait fallu qu'elle meurt après la naissance de ma petite maman. Je suis en colère.

Mais elle vit encore. Son empreinte reste, trop fraîche, trop marquée. Elle a donné le jour à six enfants pour les maltraiter, les humilier et les détruire. Ne nous étonnons pas s'ils sont tous sous anti-dépresseurs. Tous, sauf maman. Mais cela ne veut rien dire. "Ni mieux, ni pire", à ce qu'elle dit. Erreur.

Elle a lutté avec son courage, sa volonté et l'amour de papa. Elle lutte encore mais se fait rattraper peu à peu et c'est là qu'est le problème. Manipulatrice, les phrases irrationnelles se multiplient. La raison la quitte.

Je hais profondément et viscéralement Antoinette.

Elle a pourri la vie des siens. Elle est perverse, maligne, capricieuse, égoïste et méchante. C'est un monstre. Elle a torturé maman, alors qu'elle n'était qu'un fœtus. Elle n'en voulait pas. Elle en a fait sa Cosette, son objet, bien plus que les autres enfants. Elle l'a humiliée en paroles, chaque jour. C'est une sorcière, un démon.

Je lui en veux pour le mal qu'elle a fait à ma mère et par extension, le mal qu'elle me fait. J'en subi les conséquences. Août 2006, le malaise entre elle et moi, bat son plein. Elle est rentrée dans un cycle, un sale trip depuis deux ans. Je suis l'objet du délire. Le choc est immense. J'ai comme un sentiment d'abandon. Je vis une déception immense et profonde. Je me sens dépassée. J'ai tout essayé, en vain. Nous rentrons dans le domaine de la folie et de l'incohérence.

Je suis en colère et perdue. Je n'ai plus d'appétit. Je perds ma petite maman, mes repères. Je hais Antoinette. Vais-je pouvoir me détacher de cette emprise ?

*

Hosea Ballou, évrivain américain

Haïr, c'est se punir soi-même.

*

Dantès Bellegarde, écrivain haïtien

La haine n'a jamais rien créé.

*

Hypersensibilité

*

Juvénal, poète satirique romain

Bien tendre est le cœur que la Nature donne aux hommes : on le voit aux larmes qu'elle leur a données. C'est de notre être la meilleure part.

*

Album 41 – naissance du pétillantisme (extrait p.40)

Un passage mouvementé et instable sur ton de déprime et de doutes s'abat sur moi. Remise en question artistique, vide astral et perte de repères sont au quotidien. Il faut maintenant se libérer et prendre confiance. (...) Il est temps de passer à l'étape suivante. Par l'intensité de mes états d'âme, de la joie intense à la tristesse morbide, mes toiles ont vu le jour. (...) La toile transpire mes aspirations pour l'évocation des formes et le choix des couleurs.

*

Les cartésiens arrivent à sabrer la tristesse, castrer le chagrin et rendre ridicule la dépression. Les hypersensibles ne savent pas s'il y a un fond dans ce puit du désespoir. Ils cherchent à inverser le processus, mais s'enfoncent irrémédiablement jusqu'à la fin du cycle. Intense, submergeant, déroutant, le chaos est spasmodique.

*

Jeanne Siaud-Facchin, psychologue française

Les Hauts Potentiels (surdoués) ont des compétences émotionnelles fortes ; ils sont hypersensibles. L'hypersensibilité, c'est percevoir son environnement avec ses cinq sens de façon exacerbée (étiquettes ou habits qui grattent, ne pas supporter de perdre le contrôle, etc.). L'hypersensibilité nous vulnérabilise et nous rend perméable face à nos émotions.

Attention, ce n'est pas parce qu'on est hypersensible, empathe ou avec des troubles du sommeil, que l'on est forcément Haut Potentiel.

*

Christel Petitcollin, conseil en communication et développement personnel et écrivaine

Chaque stimulation sensorielle peut devenir une micro-agression. Je suis convaincue que beaucoup de vos "pétages de plomb" viennent d'une surcharge sensorielle peu conscientisée. (...) Vous me demandez comment faire pour être moins hypersensibles et surtout moins émotifs. Je pense que la priorité est de prendre mieux soin de votre système sensoriel.

*

Imprévu

*

Ah l'imprévu, cette tornade à l'intérieur ! Une visite à l'improviste, un appel en visio, un changement dans l'emploi du temps et c'est la panique cérébrale, la transpiration odorante, les palpitations frisant la crise de tachycardie, et les maux de ventre.

Ceci-dit, même le "prévu" a tendance à me mettre dans le même état, mais de façon moins violente, plus progressive ; une invitation à domicile ou hors domicile par exemple, la respiration courte et les palpitations s'accentuent, et ma chambre se transforme en cabine d'essayage les jours de solde au fur-et-à-mesure que l'événement approche. Je me rappelle notamment, lorsque j'étais adolescente, avoir bloqué mon transit intestinal pendant 15 jours ; rien (lavement, purges diverses) n'y faisait. Nous devions recevoir mon amoureux, j'étais en transe. Lorsque ma mère a compris le pourquoi de mon état de santé qui devenait très inquiétant, elle m'a dit que finalement l'invitation n'aurait pas lieu. Ne sachant pas que c'était une blague, je suis allée direct aux toilettes.

Autre anecdote récente : des amis devaient venir passer quelques jours de vacances à la maison, et arriver le soir. Dans l'après-midi, le processus panique-trac s'enclenche et monte progressivement en degré d'intensité. Mon téléphone sonne. Je n'entends pas. Je reçois un message, mais ne le vois pas de suite, occupée à piétiner en long et en large la maison de façon désorganisée croyant l'être tout au contraire. Je consulte l'heure sur mon téléphone et m'aperçois des messages en instance m'informant qu'ils étaient à 15 minutes de la maison. Sur l'instant, le téléphone sonne et me réveille de mon état de choc-réflexion sur le fait qu'ils avaient 3 heures d'avance ; ils étaient devant la porte. Je les ai reçu, enfilant mon masque social en toute vitesse. Quelques minutes plus tard, un peu plus à l'aise, je craque et pleure. J'étais finalement heureuse que cet imprévu me libère de mon état surdimensionné. A noter que je n'aurais pas "baissé la garde", si je savais que mes interlocuteurs n'étaient pas aptes à me comprendre à ce moment-là.

*

Christian Bobin, écrivain et poète français

Ne rien prévoir, sinon l'imprévisible, ne rien attendre, sinon l'inattendu.

*

Incapacité

*

L'incapacité de vivre pour soi-même. Certains arrivent à s'interroger sur ce concept, très tôt dans leur vie. Ils gagnent donc du temps, mais souffrent plus intensément, car l'exercice est violent.

*

Nous sommes des écorchés de la manipulation perverse, et victimes des effets de la maladie mentale de l'autre.

*

Incapacité de faire le deuil de quelqu'un de son vivant.

*

Incapacité : n.f. 1. Etat d'une personne incapable (de faire quelque chose). Synonyme : impossibilité. 2. Etat d'une personne qu'une blessure, une maladie a rendue incapable de travailler.

*

Devenons-nous incapables définitifs à force de blessures ? Peut-on retrouver le goût de la capacité ?

*

Interactions sociales

*

Les conversations me fatiguent souvent, que ce soit au téléphone ou en approche réelle. J'ai l'impression que ce que j'entends, rentre dans mon cerveau et sollicite tous mes sens. Une chose de bien avec les moyens de communication modernes, c'est que l'on a le choix de conversation. Prenez *Messenger*, par exemple. On peut écrire, ou enregistrer un message vocal. La conversation n'est pas pesante. On peut choisir de faire une pause, sans que cela ne choque l'interlocuteur. Si la fatigue nous gagne, quelques *émoticones* résument notre réponse. Notre cerveau, notre corps n'est pas autant sollicité qu'en mode échange vocal : j'en conclue que cela n'engage que l'intellect et les doigts de parler par écrit, et nous libère d'un poids, celui de parfois déranger par des propos trop directs.

*

Béatrice Duka, autiste

Les gens qui expriment réellement ce qu'ils pensent sont considérés comme impolis et maladroits. Vous donnez ainsi la sensation de préférer la politesse, la diplomatie, les détours, les sous-entendus, les mensonges par omission ou parfois même l'hypocrisie à n'importe quelle vérité qui fait mal, y compris si elle est correctement formulée.

*

Peut-on prédire avec une parfaite fiabilité le comportement humain, même si nous pensons connaître la personne ? Cela paraît impossible. Trop de variables rentrent en jeu. Nous connaissons-nous bien nous-mêmes ? Pas totalement, puisque nous nous découvrons, à force d'expériences, heureuses ou malheureuses.

*

Voici un extrait de Pension Vanilos, d'Agatha Christie, dans lequel Hercule Poirot explique à l'inspecteur Sharpe que, malgré les apparences, toutes les personnes présentes lors du crime peuvent être de potentiels assassins :

"Prenez Bateson, par exemple. Il se met facilement en colère et il ne se contrôle plus. Valérie Hobhouse est intelligente et très capable de mettre sur pied une machination fort astucieuse. Nigel Chapman est un grand gosse qui manque de bon sens. La petite française est de ces gens que je vois fort bien commettre un crime s'il doit leur rapporter suffisamment d'argent. Patricia Lane est

du type "maternel", un modèle toujours dangereux. Sally Finch, l'américaine, est gaie et heureuse de vivre, mais je la crois capable de jouer un rôle beaucoup mieux que d'autres. Jean Tomlinson est la douceur même et elle donne l'impression d'être franche et loyale. Mais nous avons tous connu des assassins qui allaient à l'église, où ils donnaient l'exemple de la pieté et des vertus chrétiennes. Elizabeth Johnston, l'antillaise, est probablement le cerveau le plus remarquable de la maison. Seulement, chez elle, le coeur ne vient qu'en second. C'est toujours inquiétant. Le jeune africain ? Il peut avoir, pour tuer, des mobiles que nous ne soupçonnerons jamais. Quant à Colin Mac Nabb, sa spécialité c'est la psychologie ou, mieux, la psychiatrie. Des psychiatres à qui l'on pourrait dire "Psychiatre, commence donc par te soigner toi-même !", vous en connaissez autant que moi ! Ils ne manquent pas !

Sharpe se passa la main sur le front.

- Mon cher Poirot, la tête me tourne. Il n'y a donc personne qui ne soit capable de tuer ?

- Je me le suis souvent demandé, dit Hercule Poirot."

*

Il n'y a donc personne qui ne soit capable de nous étonner par un comportement empreint de colère, de manipulation, d'idiotie absolue, d'opportunisme, d'intérêt financier, de curiosité malsaine, d'attention excessive, de mythomanie ou d'irrespect ; une personne froide à double visage jouant un rôle différent en fonction de son interlocuteur, trompant ainsi la confiance ou tout bonnement, une personne souffrant d'un trouble psychologique latent. Inversement, nous pouvons être agréablement surpris par l'élan de solidarité, l'empathie, la générosité, les démonstrations d'affection, la compréhension, la bonté, l'humour, l'intelligence ou la vertu d'une personne.

Les événements qui surviennent au cours d'une vie nous permettent parfois de déchiffrer les comportements, d'établir des schémas de fonctionnement, d'affiner notre savoir sur la question, voire même de développer une capacité à profiler. Mais la prudence est de mise. Nous avons appris à décoder mais nous ne pouvons pas anticiper à outrance, car nous sommes nous mêmes handicapés par notre hypersensibilité et notre perception passe par notre propre filtre ou prisme. Le degré d'intensité de notre ressenti, surtout dans les situations toxiques, peut fausser notre interprétation de la situation. Que faire avec un criminel qui passe du statut potentiel à démasqué ? Où commence notre rôle et quelles sont nos limites ? Que risque-t-on ou que gagne-t-on à rétablir justice ? Comment ne pas tomber dans le piège d'une personne toxique, sans paraître pour l'associal de service ?

Peut-être faut-il aborder l'existence comme un jeu social intéressant, où l'on perd parfois, mais auquel on peut rejouer pour en percer les mystères, comme un enfant dénué de préjugés prêt à tout apprendre.

*

Hercule Poirot, Pension Vanilos – Agatha Christie

(à propos d'une énigme à déchiffrer)

- Je vous félicite, lui dit-il, sincère.
- Moi ? Mais pourquoi ?
- Parce que vous avez là un problème magnifique, unique au monde !

*

Keanu Reeves, acteur, autiste Asperger

Essaie de faire des erreurs de temps en temps, cela fera du bien à ton ego.

*

Manipulation

*

Loin de vouloir rédiger un pamphlet pour dénoncer les manipulateurs pervers narcissiques et établir leur portrait, il s'agit ici de constater les effets de la manipulation sur l'affect, le développement, et la vie future de la victime, tels que ressentis.

Être manipulé, c'est être spolié. On nous dépossède de notre vie ; la manipulation peut avoir en contre-partie, l'amour (je t'aime si tu restes la gentille petite fille sage et docile, je t'aime et te prépare de bons petits plats si tu te plies à mes bouffées protocolaires délirantes) ou la violence (je te frappe si tu n'es pas d'accord avec moi, si tu ne m'aimes pas tu devras me respecter, je t'insulte et t'humilie avec des paroles blessantes, acerbes et dégradantes pour garder le contrôle).

Nous, êtres naïfs, sommes de faciles proie. Lorsqu'on s'en rend compte, il est bien souvent trop tard. On nous a isolé, façonné et sommes devenus un jouet, pensant même « heureusement qu'il (ou elle) est là pour nous ! ». La manipulation nous fait rentrer dans une spirale hypnotique, sans fin. L'après manipulation est un passage à vide. Une parole ou un geste de trop a déclenché une réaction positive. Le bouton *on* s'est remis en marche. Fini la mise en veille. Nous nous autorisons à penser par nous-mêmes. Nous osons tenir tête. Nous n'avons plus peur, voire même sommes prêts à mourir ou tout perdre pour ne plus être sous le joug de notre tortionnaire. Mais ce n'est pas simple, car nous avons perdu nos repères. Qui suis-je ? Des envies nous viennent (non plus de suicide) mais de vengeance. Comment lui faire « mal », lui rendre la pareille ; battue, cocue, je ne serai plus. A mon tour de te cocufier, toi l'être supérieur, l'intouchable. Tu ne me connais pas ! Sauf, que ce n'est pas la voix de la reconstruction. A ce moment-là, on a l'impression de ne plus se connaître ou se reconnaître. On a cette sensation de liberté ; ou plutôt de libération. Réaction démesurée à la hauteur du traumatisme, telle une bête affaiblie, assoiffée, qui se jette sur le premier point d'eau, hélas pollué.

La libération est vécue comme une deuxième naissance, une seconde chance de vivre sans craindre.

On découvre son potentiel enfoui très loin, latent mais bien présent. Un potentiel prêt à se révéler par nous-mêmes, indépendant et libre de toute domination qui pourrait l'asservir.

Un constat post-manipulation : le sentiment de ne jamais vraiment bien se connaître et de se surprendre.

*

Masque social

*

Je l'enlève pour mes "très" proches, ce masque. C'est devenu tellement naturel que mon art et ce que je dégage ne reflète pas la pourriture que je ressens à l'intérieur très souvent. Un deuil à faire, qui dure et me ronge, le deuil d'un vivant, ma mère. Encore hier, 2 heures avant ma vidéo-live, une mauvaise nouvelle. Il n'y paraît pas ? C'est normal, ça s'appelle le masque social.

*

Terrien Seul on Pinterest

Bas le masque: on gagnerait tous à s'aimer suffisamment avec nos défauts, afin d'arrêter de craindre que l'autre appuie là où ça fait mal ! On porte tous un masque social, parfois bien lourd à porter, parfois imposé ; parfois on ne s'en rend même plus compte, et on se noie dans une tentative de conformité presque pathétique, au détriment de la quête de soi. Le masque social est omniprésent ; en effet il est celui qui nous protège de ces regards.

*

Nous sommes équipés d'autant de masques que d'interactions sociales : une vraie pièce de théâtre !

*

Mémoire

*

Les mots dits blessants et mensonges prononcés par un dément me reviennent comme des interrupteurs à stress. Alors, je les prends, les classe et tâche d'en effacer la trace de ma mémoire. Mais il faut penser à vider le cache, désactiver les *hashtag,* mots-clés cliquables et autres étiquettes de référence.

La mémoire à court terme est comme la mémoire vive d'un ordinateur ; elle stocke les informations temporairement ; toutefois, si ces informations sont importantes et/ou associées à une charge émotionnelle, elles passeront en mémoire à long terme. Elles seront encodées, classées comme dans une bibliothèque. On parle alors de mémoire épisodique pour les souvenirs et le sensoriel, sémantique pour tout ce qui est factuel comme le langage, les faits historiques et procédurale pour ce qui concerne les automatismes, comme apprendre à marcher, conduire, faire du vélo, dessiner.

Elle est donc le gardien de notre vécu, de nos expériences, de nos déconvenues et de nos trésors.

Parfois un *hashtag* vient remettre à l'écran un dossier que l'on croyait classé et verrouillé.

*

Mort

*

Christian, la mort au bout du fil.

Attendre. Attendre un ami. Attendre un ami qui doit venir. Attendre sans s'inquiéter, puisqu'on est sûr qu'il sera là d'ici quinze minutes.

Et puis, rien.

Je suis là, assise sur le trottoir dans la nuit. Ils sont tous partis rejoindre cet ami. Ils sont tous sur le bord de la route à comprendre, à attendre. Peut-être que son cœur va se remettre à battre ? Non, sa moto parle d'elle-même, à ce qu'il paraît.

J'attends des nouvelles d'un ami. Violente attente, violentes nouvelles. Je n'y crois pas. D'ailleurs, assise sur le trottoir, j'entends le moteur de son engin. Invincible ? Il m'a téléphoné, il me l'a dit, je l'entends encore : "J'arrive dans quinze minutes !" Mais non, tu n'es pas là, l'ami.

Si ce soir-là, on n'avait rien programmé. Si ce soir-là, tu n'avais pas pris cette route. Si je ne t'avais pas dit que je t'attendais depuis longtemps, que les pizzas allaient refroidir. Le temps est long, assise dans le noir, sur le trottoir. J'attends. Ce n'est pas vrai, tu n'es pas mort.

*

Obstination

*

J'ai proposé une énigme avec chiffres et signes d'addition sur un réseau social. Il s'agissait de trouver le "résultat", ou suite de l'énigme.

Ce qui est surprenant, c'est de voir la capacité de certaines personnes à se compliquer la tâche, tout en pensant l'avoir simple. Devant tant d'obstination, je leur écris :

Chers amis joueurs, merci d'avoir participé. L'énoncé est 1,2,3,5 et si on poursuit cela donne 6,7,8,10. L'énoncé ne prévoit pas de 4. Il n'est pas dans la suite, donc, ne cherchez pas à l'introduire. Nous ne devons utiliser et établir une logique de calcul qu'avec les chiffres donnés et ne pas en rajouter, ni les suggérer ou les sous-entendre. De plus, il faut respecter le "schéma" de l'addition. Tout autre schéma, établissant un calcul sous-entendu ou secondaire, telle qu'une multiplication, ne correspond pas à cet exercice visuel dont le but est d'utiliser les données brutes.

Dans cette énigme, il ne faut pas chercher ce qu'il manque ; mais faire avec ce qu'on a. Et pourtant, certains insistent à transformer l'essence du schéma pour arriver à leur logique indiscutable, défendant leur solution comme totalement

acceptable. L'entêtement les aveugle. Oui, ils ont raison, mais leur raisonnement n'est pas valable dans cette énigme. Cela ne répond pas au principe fondamental : faire avec ce que l'on a sous les yeux. L'humain fonctionne ainsi. Il préfère voir ce qui manque, plutôt que de composer avec ce qu'il a, défendant son irrépressible besoin de gagner gain de cause. Les gens aiment avoir raison même quand le bon sens impose le contraire.

*

Lucius Accius, écrivain du monde latin

Tu prétends que c'est l'obstination ; j'affirme, moi, que c'est opiniâtreté, et je veux m'y tenir. L'une est compagne du courage ; l'autre appartient à l'ignorance.

*

Il est bon d'être tenace, tant que cela ne vire pas au manque d'intelligence.

*

Peur

*

Mari Boine Persen, chanteuse norvégienne

Quand j'aurai vaincu la peur

Alors j'oserai t'aimer

J'oserai tout aimer.

*

Quand j'aurai vaincu la peur, alors j'oserai m'aimer.

*

Mes peurs sont en couleur : couleur de la peur de la mort, couleur de la peur du lendemain, couleur de la peur de l'intimidation, couleur de la peur de la violence, couleur de la peur de l'inconnu.

*

Cela faisait bien longtemps que j'avais oublié cette ombre qui plane, lorsqu'on a peur. L'angoisse de ne pas maîtriser la pandémie du Coronavirus l'a ravivée, cette peur de ne pas pouvoir maîtriser, d'être victime. Revivre ses peurs d'autrefois. Peur de voir partir un être aimé. Peur de mourir poignardée dans mon lit, ou étranglée. Peur pour mes enfants. Peur d'être suivie dans la rue par un tueur à gages. Peur d'être soumise. Peur du viol. Peur de cette mort, que j'ai souvent souhaitée.

*

Un bruit, une odeur, une parole, une situation, et tout bascule, sans prévenir. Victime de stress post-traumatique, la peur peut s'installer, faisant fi des bonheurs présents.

*

Peur de ne pouvoir assumer son quotidien, submergée par l'ombre pesante de sombres pensées incessantes. Peur de ne pas pouvoir maîtriser un cerveau qui s'emballe et anticipe trop. Et vous, quelles sont vos peurs ?

*

Alan Stewart Paton, écrivain sud-africain

Quand on écrit, c'est pour parler des peurs de l'homme, et l'homme n'aime pas que l'on parle de ses peurs.

*

Guy de Maupassant, Le Horla

Et soudain, je m'éveille, affolé, couvert de sueur. J'allume une bougie. Je suis seul.

*

J'ai perdu beaucoup de nuits à cause de la peur. De manière éveillée, en subissant l'insomnie, comme une fausse amie, ou endormie, en mettant en scène cauchemars paranoïaques et rêves de survie vouée à l'échec.

*

Dionysios Solomos, poète grec

Toujours ouverts, toujours veillants les yeux de mon âme.

*

Guy de Maupassant, Le Horla

Mon état, vraiment, est bizarre. A mesure qu'approche le soir, une inquiétude incompréhensible m'envahit, comme si la nuit cachait pour moi une menace terrible.

*

Après plusieurs années sans penser à la menace du danger, on se croit guéri. Que nenni ! Émotion refoulée, forte et intense, elle saura ressurgir en bonne et due forme, comme un vieux réflexe.

*

Le défi consiste à ne pas sombrer dans la paranoïa.

*

Déconfinement et coronavirus : aujourd'hui, on se lance à corps perdu en défiant les lois du danger et de la peur.

*

Production

*

Il me faut être dans un état de déprime mélancolique passagère, ou en manque de sommeil pour produire art et écrit. L'inspiration est l'expiration de l'âme.

L'état de "transe" dans lequel on se trouve lors de la production d'une œuvre (artistique, littéraire), peut finir par une profonde satisfaction ou une chute vertigineuse dans un gouffre sombre ; questionnements, doutes, hésitations, incapacité font place à une joie intense lorsque l'achèvement s'annonce avec brio. Toutefois, lors de l'interruption de notre création pour assumer nos tâches du quotidien et diverses responsabilités, notre état de transe, si nous ne savons pas le quitter correctement (se préparer mentalement à la rupture et se projeter sur la reprise), reste en nous, subtilement, discrètement et nous errons tel un somnambule, les yeux ouverts mais ailleurs ; nous éprouvons ce sentiment d'y être encore, yeux écarquillés, les idées en ébullition, le cerveau resté devant notre ouvrage, mais le corps occupé par ailleurs. Nous sommes alors dans un état d'hyper-émotivité exacerbée, avec la peur de ne plus pouvoir reprendre en marche le train de la créativité.

*

Renaissance

*

Tenter de ne plus se perdre et corriger son esprit. Désillusion des illusions, ne plus s'attarder sur les sources d'énergies négatives. Finies les explications de texte sur le genre humain et sa pollution psychopatique. Je lâche prise, je tourne une page. Aucun regret, je balaye, je nettoie, j'assainis. La vie est devant.

*

A chaque fin de chapitre, ne pas s'attarder et écrire sur une nouvelle page blanche.

*

Vassily Kandinsky, peintre russe

Le blanc sonne comme un silence, un rien avant tout commencement.

*

Keanu Reeves, acteur, autiste Asperger

Parfois les ennemis sont nos meilleurs professeurs, on peut apprendre de leurs erreurs, et la destruction signifie parfois la renaissance.

*

Valeur(s)

*

Sur une partition de musique, les figures de note ont une valeur, une durée. Pour que l'on puisse reconnaître, chanter ou jouer à l'infini correctement un morceau de musique, il faut respecter la valeur de chaque note.

Je trouve que dans notre société, cela se vérifie aussi. Certains, par opportunisme dévaluent les règles de politesse, de savoir-vivre et de solidarité, afin de satisfaire leurs propres intérêts. La partition sonne faux.

Servir par intérêt personnel ou pour l'intérêt d'autrui, telle est la question.

*

Aristote - Ethique à Nicomaque

Le bonheur consiste dans les actions parfaitement conformes à la vertu, et nous entendons par vertu, non pas la vertu relative, mais la vertu absolue celle qui a pour fin le beau et l'honnête.

Conversation à propos des valeurs de marchands d'art avec un internaute.

- Elle ne vaut pas mieux que les autres marchands d'art influenceurs : mercantilisme et un peu trop de condescendance.

- Certes, très cher. N'était-ce pas vrai auparavant ? On croit connaître les gens ; en fait, ils ont toujours été comme ils sont. Simplement notre vision, embuée par notre naïveté d'artiste souhaitant se faire un peu remarquer, nous rend aveugle momentanément.

- Quand je vois sa cour admirative sur son site ! Elle peut publier n'importe quoi, une toile superbe ou une crotte desséchée, c'est un concert d'exclamations et de gémissements *Oh chère XXX comme c'est beau, comme vous nous gâtez !* Puant ! Oui, je sais très chère parfois je m'énerve.

- C'est normal ! J'ai donné aussi avec la mièvrerie de certains. Seul le "bankable" compte. Tu n'intéresses pas, car tu n'es pas bankable. Les arguments de type, "en devenir", "trop jeune, pas assez de maturité", c'est parfois valable, mais quand tu vois la m... en boite sur les murs parfois, tu te demandes s'il s'agit ici de maturité artistique ou de cirage de pompe entre carnets d'adresses.

*

Sénèque, philosophe romain

Certains sont jugés grands parce que l'on mesure aussi le piédestal.

*

S. Ortoli, M. Eltchaninoff - Les insupportables –1

A l'âge de la culture de masse, ce n'est pas forcément le plus savant qui triomphe. Faire étalage de son ignorance peut être tout aussi valorisant, et tellement plus facile.

*

Keanu Reeves, acteur, autiste asperger

C'est incroyablement stimulant de savoir que ton avenir est entre tes mains. Parfois, nous sommes tellement enfermés dans notre vie quotidienne que nous oublions de prendre le temps de profiter de la beauté de la vie. Nous sommes comme des zombies. Lève les yeux et enlève tes écouteurs. Dis "Bonjour" à quelqu'un que tu vois, et fais un câlin à quelqu'un qui semble en avoir besoin. Aucun d'entre nous ne sortira d'ici vivant, alors s'il te plaît, arrête de te maltraiter rien qu'avec des pensées. Mange des aliments délicieux. Marche à la lumière du soleil. Plonge dans la mer.

*

Vie

*

La vie, la mort,

Toute cette envie, tous ces remords.

La vie, ce perpétuel mouvement telle une mâchoire qui n'a de cesse de mordre de toutes ses dents.

Une vie qui s'invente envies et motivations, mais qui connaît désillusions et déceptions.

Il m'arrive aussi le soir, de pleurer sur mon sort. Il m'arrive d'imaginer tout ce qui pourrait arriver au départ d'un port, d'une calanque bleue ou à flan de coteaux.

Je pense à tous ces voyages à l'étranger, que j'aurais pu réaliser. Je pense à tous ces choix qui m'ont mener dans ma vie, à des déceptions infinies. Imaginations saugrenues, je m'imagine là, dans mon lit, nu, allongé sans vie.

Demain m'attend, demain matin.

Je me lèverai pour aller au travail, et ainsi dans ce petit clic qu'est la vie, comme bruit tel un signe cyclique, qui pique, comme ma barbe qui n'attend, je me lèverai.

Le temps n'attend pas hier, n'attend pas demain et passe comme un éclair. Encore une fois, je remercie mes amis de m'aider à sortir de cette galère.

Je suis allongé là sur mon lit, las. Je reste pensif en attendant la nuit. Elle me récupérera, m'entraînera dans ses beaux draps et me bordera de cette poésie, comme un ensemble de féeries que sont les rêves éphémères, nous rappelant que nous sommes de simples mammifères.

Je suis allongé sur mon lit, en regardant mon sachet de pain de mie, sans savoir ce que je vais manger demain. Le goût amer d'hier est passé, mais c'est peut-être sans vie demain, que je me retrouverai.

*

Le dimanche soir, un soir bien plus noir. Le dimanche soir, un soir qui nous emmène bien plus loin jusqu'au lundi matin. Le dimanche soir, un soir qui nous regarde, toi et moi, avec ma voix.

Je m'exprime ici pour rejeter sur le papier, ce qu'il y a en moi, comme une délivrance dans cette tourmente. Tristesse d'une vie seul, une vie qui n'est pas accompagnée, non aimée ni partagée. C'est une vie seul, comme une vis sans son écrou, comme un bateau privé de proue, tel un humain sans amis. Les amis sont vitaux, comme l'eau que l'on boit tous les jours, toutes les nuits.

Une nuit noire, comme ce soir. Il est 22h56 et je mangerais bien de la saucisse demain matin. Quand bien même cela ne se fait pas, car dépourvu de moyens, ce n'est pas l'envie qui m'en empêchera et me dira "non, ne le fait pas". Cette envie de manger un peu de tout et n'importe quoi, à n'importe quelle heure avec n'importe qui, et pourquoi pas avec un koala.

Cette envie de parler, seul avec ma voix fébrile, un peu sensible, irritable, qui sourcille.

Je suis allongé là, sur mon lit, et je me demande comment réussir à dormir, comment répondre à la demande de la fatigue. Cette fatigue aussi présente qu'aujourd'hui, hier et demain, comme un présent du passé. Qui dit fatigue, dit réveil. 6h30, le réveil sonne et l'impression que deux minutes nous séparent seulement de maintenant à tout à l'heure, entre ce présent et l'avenir. Résultat d'une improvisation nocturne, mes écrits sont la représentation vague de mes pensées les plus vastes. Un simple extrait de ce que je pourrais ressentir, au fil de cette journée qui s'annonce demain.

Un lundi, un début de semaine, une fin de semaine, le passé de deux jours de congés, l'avenir des sept prochains jours, comme une utopie. L'utopie de retrouver ce calme chez soi, au fin fond du lit, avec des coussins en soie, allongé à n'espérer simplement que demain ne vienne s'interposer.

*

Faits divers

*

Haïkus livresques

Autrefois, dans les transports en communs, au travail, dans mes échanges avec les services scolaires ou administratifs, je rencontrais diverses situations me permettant une réflexion sur les comportements humains.

Face au handicap, ma vie sociale prend parfois subitement une allure de confinement permanent et m'impose un réajustement. Elle s'oriente vers les réseaux sociaux et l'échange en ligne. Son utilisation est périlleuse, car il faut savoir se protéger, trier ses contacts et en imposer les limites. C'est ainsi que l'on peut découvrir la richesse des échanges entre internautes, pour le plaisir des mots.

Sur une idée originale de l'un d'eux, le jeu consiste à prendre en photo la tranche (ou dos) de trois livres choisis que l'on superpose. Cela donne un "haïku" livresque.

Selon le site internet tempslibres.org, le haïku est une forme japonaise de poésie permettant de noter les émotions, le moment qui passe et qui émerveille ou qui étonne. C'est une forme très concise, dix-sept syllabes en trois vers (5-7-5).

Dix-sept temps en japonais (une syllabe a un ou deux temps), un nombre restreint dans d'autres langues (l'anglais s'accommode de 3-5-3).

Voici donc pour le plaisir, quelques compositions d'internautes, faites à partir de tranches de livres, expression de leurs affects, et de leur imagination.

*

Kantaly de Rochas, Maupassant, Agatha Christie

Rêver ici,

Une vie,

Le couteau sur la nuque.

*

Henri Michaux, Christian Bobin, Julian Barnes

Qui je fus,

L'inespérée,

Une fille, qui danse.

*

Grégoire Delacourt, Marguerite Duras, Eric-Emmanuel Schmitt

On ne voyait que le bonheur,

La douleur,

La Part de l'autre.

*

Tourguéniev, Alain Monnier, Laurent Gaudé

Premier amour,

Tout va pour le mieux,

Cris.

*

Agnès Ledig, Honoré de Balzac, Olivier Adam

On regrettera plus tard,

La Peau de chagrin,

A l'abri de rien.

*

Laurent Gaudé, Annie Ernaux, Alice Ferney

Ouragan,

Je ne suis pas sortie de ma nuit,

Grâce et dénuement.

*

Olivier Adam, Pascal Quignard, Claudie Gallay

On ira voir la mer,

Tous les matins du monde,

Les déferlantes.

*

Mme du Châtelet - Voltaire – Saint-Lambert, V. Goby, A. Heurtier

L'Art d'être heureux,

Un paquebot dans les arbres,

Refuges.

*

Daniel Foenkinos, Radiguet, Joël Egloff

Le potentiel érotique de ma femme,

Le Diable au corps,

L'étourdissement.

*

Olivier Adam, Claudie Gallay, Boris Vian

On ira voir la mer,

Les déferlantes,

L'Écume des jours.

*

Henri Michaux, J.M. Coetzee, Tristan Egolf

Qui je fus,

Le maître de Pétersbourg,

Le seigneur des porcheries.

*

Annie Ernaux, Jean Hatzfeld, Jorge Semprun

Se perdre,

Dans le nu de la vie,

Adieu, vive clarté.

*

David Foenkinos, Valentine Goby, Agnès Ledig

La délicatesse,

Un paquebot dans les arbres,

Dans le murmure des feuilles qui dansent.

*

Henri Michaux, Ira Levin, Henri Michaux

L'espace du dedans,

Un bonheur insoutenable,

Face aux verrous.

*

Jean-Pierre Ulmo, Alain Braconnier, Daniel Boorstin

Hymne à la vie, hymne à amour,

Mère et fils,

Les découvreurs.

*

Agatha Christie, Mathias Malzieu, Mylène Vignon

Un, deux, trois,

La mécanique du coeur,

À l'ombre des pages.

*

Gérard Salama, Pascal Remy, Salvador Dalì

Confidences d'un gynécologue,

L'inspecteur se met à table,

Journal d'un génie.

*

Phébus, Françoise Giroud, Marc Levy

Vingt-quatre heures d'une femme sensible,

On ne peut pas être heureux tout le temps,

La prochaine fois.

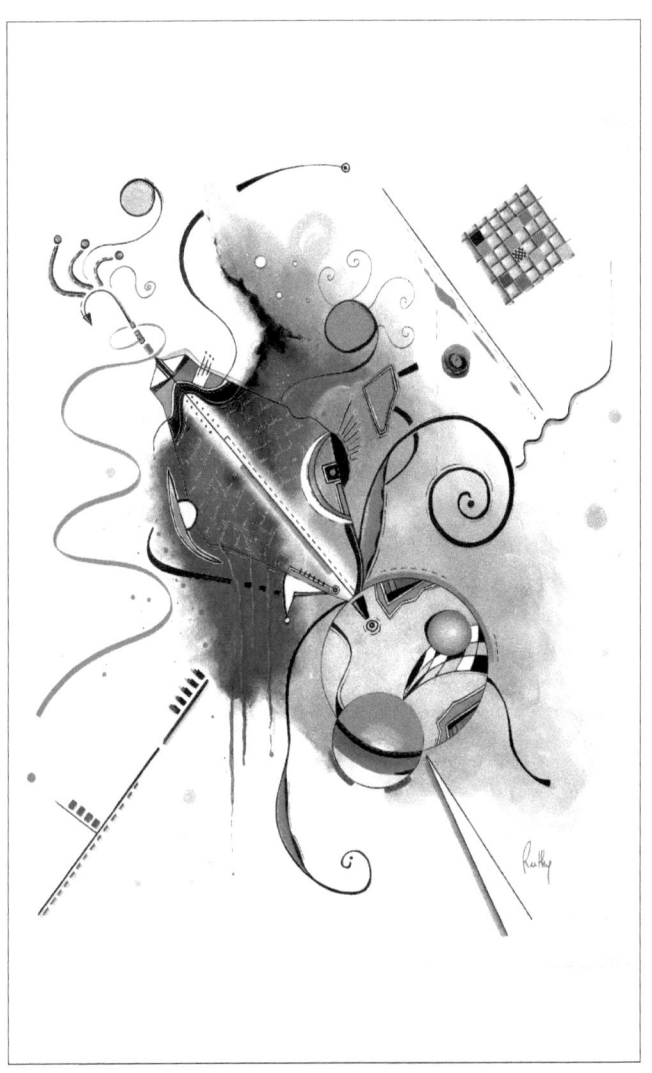

Journal de réseau

Le réseau social *Facebook,* comme je l'ai expliqué plus haut, fait partie de mon quotidien ; il me permet d'établir des réseaux en lien avec l'autisme et autres particularités neuro-développementales, les amateurs d'art, les connaissances lointaines, les professionnels en tout genre, etc.

J'ai ouvert des pages à thème : *Ruthy Petillantist Art* et *Album 41-Naissance du pétillantisme*, pour l'art et la promotion de l'ouvrage du même nom, *Le Dandy Petillantist*, pour la mode masculine chic (confection de nœuds papillons imprimés), *Hashtag Autisme*, du même nom que mon association, *Mathis Academy*, pour la promotion du manuel pratique destiné aux parents d'enfants autistes déscolarisés, *Art-thérapie et ASMR*, associée à une chaîne YouTube, invitant au bien-être et à la créativité.

Depuis 2014, j'aime écrire mes états d'âmes, poser des questions, partager des informations (vérifiées) ou de belles images, et rire. Je ne suis pas friande de posts anxiogènes ou de panneaux "à ce qu'il paraît".

Mon mur est donc très hétérogène (comme mon cerveau) et passe du coq à l'âne. Je parle d'autisme. Cela permet de sensibiliser sur le quotidien de parents qui débarquent dans le monde de l'autisme sans mode d'emploi, et de me renseigner auprès d'autres associations de parents.

Mais je vais vous épargner les sauts d'humeur désagréables, les coups de gueule intempestifs et la longue liste de démarches administratives et progrès de Mathis.

Ayant toujours dix mille choses en cours (lecture, écriture, production artistique, graphique, travaux de couture, apprentissages, etc.), je le fais partager.

Cela me fait penser à ce passage de *L'association des hommes roux*, de Sir Arthur Conan Doyle, où le docteur Watson et Sherlock Holmes échangent :

- Vous avez d'un bout à l'autre raisonné de façon splendide (...). La chaîne est extrêmement longue et pourtant pas un maillon n'en sonne faux.

- Cela m'a sauvé de l'ennui, répondit il en baillant. Hélas ! Je sens déjà que cet ennui revient sur moi. Ma vie se passe en un long effort pour échapper aux vulgarités de l'existence ; ces petits problèmes m'y aident.

Ma cervelle bouillonnante s'active donc sur les réseaux sociaux ; cela me permet d'échapper aux vulgarités de l'existence. J'établis des contacts et fais de belles rencontres virtuelles.

Ce qui va suivre, n'est autre que l'extrait d'un journal sans queue ni tête de réflexions, états d'âmes, citations et diverses futilités qui, je l'espère, vous divertiront.

22 janv. 2018 – Attente.

Avec Miss Marple, *Au club du mardi* ; Agatha Christie, dans la salle d'attente : quelques meurtres résolus et 30 minutes d'évasion.

19 janv. 2018 – Décliner une invitation où il est impossible de venir avec Mathis.

J'peux pas, j'ai autisme.

3 déc. 2017 – Lecture : du cran !

Stimulant à la Sherlock : "Il faut agir, mon brave, ou vous êtes perdu. Du cran ! Rien d'autre ne peut vous sauver. Ce n'est pas le moment de désespérer." *Les 5 pépins d'orange,* Sir Arthur Conan Doyle

31 oct. 2017 - Fatigue.

Ce qu'il y a de bien avec Halloween, c'est que je peux sortir ma poubelle sans faire peur à ma voisine.

15 oct. 2017 - Mon art, ma vie.

Bonsoir les amis ! Pinceaux et autres instruments se sont agités dans l'atelier ! Raaaaaaaaaah ça fait un bien !

22 sept. 2017 – Fatigue : se surprendre.

Parfois je m'envoie un mail à "moi-même" avec des liens de sites utiles, et puis je passe à autre chose. Deux minutes plus tard mon regard se porte sur la barre de navigation et je vois l'onglet boite de réception (1), et j'me dis "tiens, j'ai reçu un mail" !

14 sept. 2017 – En cuisine.

Le foufou, c'est top.

8 sept. 2017 – Lecture : énigme et ennui.

"J'ai entendu parler de vous, Monsieur Sherlock Holmes, et, si, vous pouvez trouver la clé de cette énigme, je me considérerai comme payé de l'ennui que j'éprouve à vous la raconter." *Les six Napoléons*, Sir Arthur Conan Doyle.

6 juil. 2017 – Lecture : un type ordinaire ?

"Vous savez, docteur, qu'un magicien perd tout son prestige une fois qu'il a expliqué ses trucs et si je vous dévoile trop ma façon de travailler, vous en arriverez à la conclusion que je ne suis, après tout, qu'un type tout ordinaire." Sherlock Holmes au docteur Watson - *Une étude en rouge*, Sir Arthur Conan Doyle.

20 juin 2017 – Langue française et humeur.

Arrêtez de dire c'est "conséquent" à la place "d'important", cela ne veut rien dire.

21 mai 2017 – Citation à réflexion sur l'art.

Je désanthropise le hasard. *Journal d'un génie,* Salvador Dalí.

2 mai 2017 – Fatigue, voire épuisement.

Parfois c'est si dur, si lourd, si fatiguant, si pesant.

25 avr. 2017 – Mes voisins, les strange.

Ma voisine passe l'aspirateur sur son gazon synthétique.

12 avr. 2017 – Phrases toutes faites et humeur.

- Rester à la maison pour élever son enfant, c'est bien quand on peut se le permettre.
- Non, c'est un sacrifice

27 mars 2017 – Humeur joyeuse.

Je respire à pleins bonheurs !

22 mars 2017 – Constat et info zéro.

Je suis flexitariste et pétillantiste.

20 juin 2016 – Lâcher prise.

Je suis partie sur mars. A bientôt les amis !

22 mai 2016 – Envie d'évasion culinaire et bucolique.

Emmène moi en escapades Petitrenaud !

17 mai 2016 – Fatigue : oublier l'essentiel.

Préparer un colis. Écrire la carte de correspondance. Fermer le colis hermétiquement. S'apercevoir que la carte attend à côté sur la table.

22 mars 2016 – Bon sens.

Je trouve que, sous prétexte de sociabiliser, laisser son fils autiste dans une classe sans "encadrement", c'est comme le jeter dans une eau polaire, sous prétexte qu'il doit apprendre à nager. Titanesque.

21 mars 2016 – Meurtrie.

Cela fait mal au ventre les lâchers d'école foireux.

11 mars 2016 – Entretien d'embauche.

La jeune recruteuse :
- Je ne doute pas de vos capacités managériales, mais tout de même c'était il y a longtemps.

Moi :
- Oui, effectivement, il y a 15/18 ans de cela, je gérais une équipe, mais figurez-vous que c'était quand j'avais votre âge ; imaginez maintenant à 43 ans.

10 mars 2016 – Mon art, ma vie.

Que mes pinceaux se tiennent à carreaux ! ça va chauffer !

3 mars 2016 – Lâcher prise.

Jacques a dit "mets ton chapeau et vas prendre l'air", alors j'y vais.

10 févr. 2016 – Dans le métro.

(dans le métro, face à l'affiche du film les aventures d'Heidi)

Perdue dans les méandres de mes pensées face à cette image, j'entends une voix derrière moi "vas-y bouge à droite !". Oui mes bagages et moi même occupions un peu trop d'espace dans l'escalator du métro ! Adieu Heidi, j'étais déjà en route vers tes montagnes.

21 janv. 2016 – Autisme.

Mathis, mon fils, unique et précieux, les allers-retours sur ta planète sont périlleux, demandent de l'endurance, de la force mais l'amour est notre carburant.

18 janv. 2016 – Et les vaches seront bien gardées.

Chacun voit midi à son facebook.

14 janv. 2016 – Parole de médecin de famille.

Votre fils est un X-Men.

11 janv. 2016 – Lecture et utilité de l'être.

- (...) mais j'ai appris, Holmes, que vous employiez à des fins pratiques ces dons avec lesquels vous nous étonniez.
- Oui, dis-je, je me suis mis à vivre de mon intelligence.
Le rituel des Musgrave , Sir Arthur Conan Doyle.

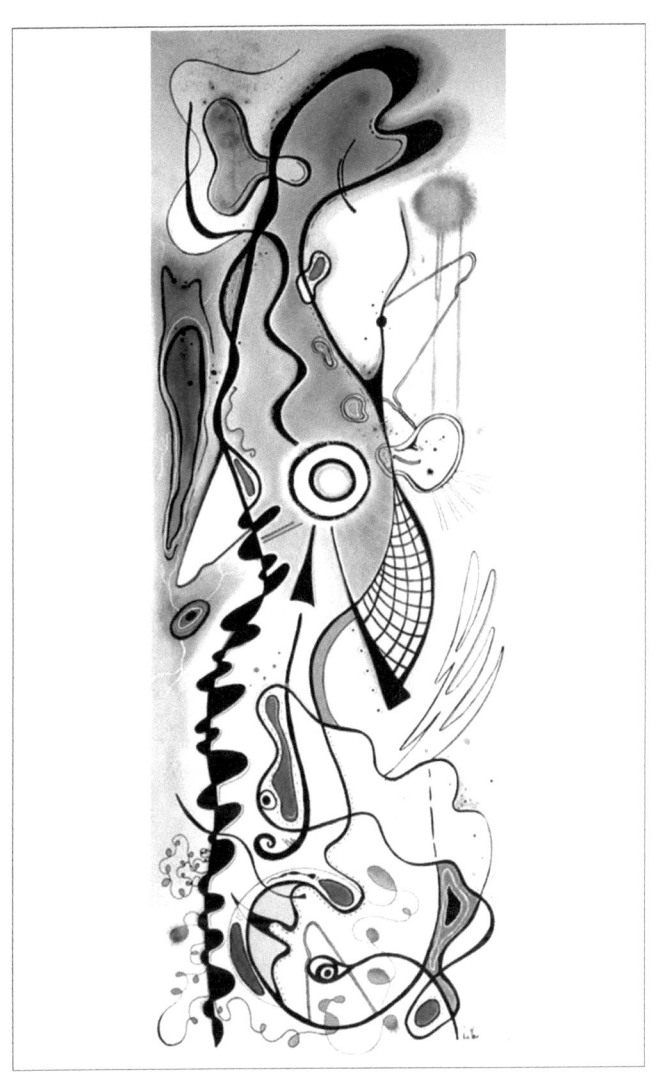

30 juin 2015 – Humour.

Mystique, ça rime avec synthétique ? Haha ! je suis encore choquée par le gazon synthétique de mes voisins (ils habitent une maison avec jardin).

17 juin 2015 – Envies de loukoums (très récurrent)

Loukoums à la rose, venez à moi !

3 juin 2015 – Humour : la Mastercard des faux-amis.

Nouvelle pub Mastercard : "Flatter son ego et faire applaudir ses amis, ça n'a pas de prix. Il y a certaines choses qui ne s'achètent pas, pour tout le reste il y a MasterCard".

1 juin 2015 – Les ados.

Les "tkt je t'expliquerai" par sms de votre progéniture, moi j'dis, ça sent l'embrouille ! Haha !

25 mai 2015 – Constat cérébral.

Insomnie : overdose d'idées.

21 mai 2015 – Mon art, ma vie.

Pétillantisme au carré ! (série en cours sur format carré)

8 mai 2015 – Mon art, ma vie.

"C'est pas mal". Certains confrères/sœurs s'improvisent critique d'art, c'est hilarant. Bonjour les humains ! Je vais me recoucher. Bah oui, ce matin on m'a demandé si je sortais du lit ! "Elle sort du lit ?" Non, mais elle te jette son gant ! Ha ! Heureusement, j'ai mon carnet de croquis.

14 avr. 2015 – Humeur : la folie me guette.

J'applaudis de la tête, je dis oui avec un grand i, je vous souhaite le bonsoir, il va faire beau ! Sinon ça va et vous ?

9 avr. 2015 – Dégoût, suite à mauvaise aventure.

Il est je pense, rien de pire que de connaître le handicap d'une personne et de s'en servir à des fins viles et perfides dans un argumentaire tordu et blessant.

2 avr. 2015 – Citations : ça sent le culte.

Alexandre Dupré : Vous savez quelle différence il y a entre un con et un voleur ? Joseph : Non... Alexandre Dupré : Un voleur de temps en temps ça se repose. *Le Guignolo* (1980), écrit par Michel Audiard.

Un marchand de tableaux est un voleur inscrit au registre du commerce. *Le Guignolo* (1980), écrit par Michel Audiard.

26 mars 2015 – Education.

J'ai menacé mon fils de lui mettre Dora à la télé s'il n'arrêtait pas ses bêtises ! Il s'est arrêté.

19 mars 2015 – Mon art, ma vie.

Ma toile m'a attendue toute la journée. Une petite distance entre elle et moi, ne lui fera pas de mal ! C'est la mode, ces derniers-temps !

Non mais c'est vrai quoi ! Arrêtez avec vos enfantillages ! Je vais pétillantismer partout après !

17 mars 2015 – Mon art, ma vie.

Je me livre à des pratiques pétillantistes avec une telle joie que je sacrifie ongles et bouts de doigts !

9 mars 2015 – Constat pour hypocrites.

Il est plus simple de donner les vraies raisons, plutôt que de chercher de faux prétextes.

21 févr. 2015 – Mon art, ma vie.

Hier soir, un homme est resté longtemps devant mon oeuvre, puis, m'a demandé si j'étais fan de Desproges. Non, pas forcément, pourquoi ? Connaissez-vous le sketch du cintre ? Alors, voilà apparemment, "je hais les cintres" : je ne sais pas comment le prendre encore.

14 févr. 2015 – Mon art, ma vie.

A vos doigts, prêts, partez !

27 déc. 2014 – Citation et douleur.

Christine and the Queens :

"C'est un principe de survie élémentaire : parfois, au lieu de pleurer, on a ce sourire curieux, rouge et furieux, le sourire de l'enfant qui masse son bleu ; même pas mal ! Et du ciel sans fond, Christine fait une boîte, que l'on peut retourner dans tous les sens - jusqu'à ce que la chute devienne un pas de danse."

20 déc. 2014 – Humeur de Mme la Baronne, auto-proclamée.

Une petite baronnade ?

17 déc. 2014 – Plagiat.

Non mais j'en reviens pas ! du copier-coller ! c'est du parasitisme et du j'vaistefoutreautribunalisme ! Achète mon livre et fout du blanco sur mon nom !

13 nov. 2014 – Le monde de l'art.

Quel talent ! Vous êtes sélectionnée ! Je suis une association à but non lucratif. Nous irons ensemble vers un parcours évolutif afin de défendre votre art. J'ai plein de projets.

Traduction :

Tu as payé ta cotisation, tu fais partie de mon association. Tu as payé ton stand mais sache que tu n'es pas la seule, et j'ai prévu de tous vous entasser, quitte à te laisser la place dans un couloir, face aux chiottes. J'attends tes prochains chèques avec impatience pour me payer.

21 oct. 2014 – Humeur avant une exposition d'art.

Oulala les amis ! Comment dire, je suis à la fois en joie et en stress ! J'ai envie de m'esclaffer de rire, sauter partout, piétiner en rond, crier ! 5 h 30 de train me calmeront, ou pas ! A vendredi soir pour le vernissage !

11 oct. 2014 – Opiniâtreté.

Par la porte, par la fenêtre, par la cheminée, par le vasistas, par le puit de lumière, par la chatière...

24 sept. 2014 – Humeur et déception.

Tend la main à Martin...

11 sept. 2014 – Emotions artistiques.

Traversée émotionnelle intense. Douce folie ou folie douce, suspendons quelques instants avec élégance la sagesse.

Ouvre tes sens et voyage mon ami. Voyage au rythme des notes de musique, au son des couleurs ou sur le fil de tes méditations. Une fenêtre s'ouvre, tu es libre de partir sans limites, sans frontières, sans contraintes.

Regard citadin léger, graphique et coloré sur cette ville aux mille occupations. Effervescence de joyeusetés et source des heures animées.

Je prends la mer, je mets les voiles et je laisse libre cours à cette douce mélancolie. Je me laisse submerger sans retenue. Je nage en plein vogue à l'âme.

Vite ma drogue ! (avec photo de mes pinceaux)

10 août 2014 – Promenades.

12h30, bonjour Sidobre. Je descends du véhicule. Les rayons du soleil percent au travers de cette épaisse forêt. Une agréable odeur de sous-bois me transporte de joie. Fougères, mousse et champignons apportent une paisible couleur à cet imposant Sidobre.

10 août 2014 – Signe

Un superbe papillon vient de rentrer chez moi.

5 août 2014 - Lecture

L'orage tonne au-dessus de mon toit. J'ouvre *La Saga Maeght* de Yoyo Maeght. Ce n'est pas peu dire. Merci.

22 juil. 2014 – Mon art, ma vie.

Cette odeur de térébenthine : so exciting !

14 avr. 2014 – Mon art, ma vie.

Toiles achetées, mon cerveau va pouvoir se libérer !

*

Conclusion

*

Accepter son existence et celle des autres en tant qu'être humain, nous permet d'accepter les personnalités difficiles ou certains comportements "intolérables". Ce qui n'exclue pas le fait de devoir s'en préserver.

Paul Valéry avoue : "Je me suis détesté, je me suis adoré ; puis nous avons vieilli ensemble". Vivre, c'est donc s'adapter sans perdre de vue les autres, et qui nous sommes.

*

Alexandre Jardin, écrivain et cinéaste français

Au fond, je n'ai jamais aimé les adaptés, ceux qui s'acclimatent à une réalité carencée. J'ai toujours raffolé des furieux, des joyeux qui ont le courage de rêver les yeux ouverts et de rebattre les cartes avec fierté.

*

Pour conclure cet essai, nous nous permettrons une réflexion sur le processus de confiance en soi, base de notre affect.

" Les notions qui nous parlent au cœur sont souvent les plus difficiles à définir " écrit *Moussa*

Nabati, psychanalyste iranien, thérapeute, chercheur et docteur en psychologie de l'université de Paris VII.

La confiance en soi est un processus au cœur même de nos facultés mentales. Elle prend ses racines au sein de notre cerveau (lobe frontal et pré-frontal), structure la plus complexe au monde, lieu d'un important réseau de connexions neuronales. Nos capteurs corporels, stimulés par nos cinq sens, font alors l'interface entre le monde extérieur et le monde intérieur (notre pensée et nos émotions) ; on parle de gratification sensorielle, lorsque cet échange d'informations provoque une sensation de plaisir. Toutefois nos ressentis ne sont pas que plaisir. Nous pouvons déclencher, via notre pensée inconsciente, des émotions (primaires ou complexes) induisant une réaction physiologique immédiate (accélération du rythme cardiaque, sudation, larmes, etc.)

Notre pensée consciente (expression, action, intention) nous guide dans nos échanges, nos réalisations et la résolution de situations, mais elle est largement influencée par nos émotions, ou pensée inconsciente. Ainsi, la gestion de l'affect (notamment la confiance en soi) guide nos actions. Évoquons brièvement ici les explications de *Sigmund Freud*, neurologue et psychanalyste autrichien : nous existons par le *moi* (la pensée consciente), contrôlé par le *sur-moi* (les règles de la vie), le tout nuancé et influencé par le *ça* (l'inconscient, réservoir de nos émotions et de nos pulsions refoulées). Nous sommes nés *ça*, et devenus *moi* au cours de notre développement.

Les mécanismes de stimuli émotionnels et sensoriels que renvoient nos capteurs corporels à notre cerveau jouent un rôle primordial dans la construction de cette confiance en soi. Notre corps et notre cerveau fonctionnent dans un lien d'échange permanent ; nous percevons, nous pensons, nous interprétons et nous agissons en harmonie de corps et d'esprit.

Inversement, observer les effets de la confiance en soi sur notre comportement, que ce soit dans un contexte familial, professionnel ou social, est le marqueur d'un manque ou non en ce domaine.

Mais qu'est-ce que la confiance en soi ?

La confiance en soi est l'estime de soi dans l'action. Il s'agit de la capacité à pouvoir nous appuyer sur nous-mêmes, à nous adapter et à acquérir de nouvelles compétences par l'expérience. Avoir de la confiance en soi, c'est avoir conscience de ses capacités : " je me sens capable de ". Elle est l'un des piliers de la construction et de l'évolution personnelle.

" Être confiant, c'est penser que l'on est capable d'agir de manière adéquate dans les situations importantes ", résument André et Lelord, psychiatres et psychanalystes français dans *L'estime de soi : s'aimer pour mieux vivre avec les autres*.

Se sentir capable est donc la clé du succès sur soi et de la réussite dans nos échanges avec autrui. Avoir confiance en soi donne confiance en l'autre. C'est ainsi que nous pourrons multiplier les expériences et nourrir notre mémoire.

En effet, la confiance en soi fait appel à notre mémoire épisodique (nos souvenirs et nos émotions), notre mémoire à long terme, siège de nos compétences acquises.

Cette mémoire sollicitée permet de mobiliser notre faculté à agir. Ainsi, la confiance en soi par empirisme (à force d'expériences) déclenche un état émotionnel favorisant l'enregistrement à long terme de l'expérience gratifiante et de la consolider. L'acquis joue donc un rôle important dans notre développement personnel, car il crée de nouvelles connexions cérébrales et modèle notre être profond.

Interrogeons-nous maintenant sur les fondements de la confiance en soi. Sur quoi repose la confiance en soi ?

Nous allons décrire ici le schéma moteur qui régit notre développement personnel au cours de notre vie, mécanisme en perpétuel évolution pouvant être altéré et dont chaque élément se consolide les uns aux autres.

Le processus commence par la dignité. Elle est le respect (corps et esprit) et la considération de soi et de l'autre, de l'existence en tant que personne à parte entière, sans jugement des actes. " J'estime être suffisamment digne de vivre ". Se considérer comme digne, permet de s'apprécier et de s'estimer.

Sur cette base, vient se poser l'estime de soi. Si la confiance en soi est en rapport avec des capacités, l'estime de soi, quant à elle, est en rapport avec des valeurs. Nous reconnaissons notre valeur, nous nous sentons compétents, utiles et respectables. Nous nous aimons et nous sentons aimés. On parle alors d'élan vital : " j'ai envie de " ; l'estime de soi est la base de notre engagement dans notre vie.

Voici deux citations particulièrement explicites :

" L'estime de soi représente le besoin de réussir, de se sentir compétent et reconnu par autrui. " *Abraham Maslow*, psychologue américain.

" L'estime de soi est la conscience de la valeur personnelle qu'une personne se reconnaît dans différents domaines. C'est un ensemble d'attitudes et de croyances qui permettent de faire face au monde. L'estime de soi est cyclique, parfois instable et toujours variable. " *Germain Duclos*, psychoéducateur et orthopédagogue canadien.

Christophe André, médecin psychiatre et enseignant à l'université Paris X, explique que " l'estime de soi est une donnée fondamentale de la personnalité, placée au carrefour des trois composantes essentielles du Soi. " Il évoque la composante comportementale (engagement dans l'action), cognitive (auto-évaluation) et émotionnelle (affect). Pour lui, le concept d'estime de soi est comparable à l'intelligence. Il n'y a pas une seule mais plusieurs formes d'intelligence. De même, on peut être défaillant ou fort dans certaines dimensions de l'estime de soi (physiques, sociales, mentales, etc.). Dans ces dimensions, notre corps ressent du plaisir par les sens et déclenche des gratifications (par la réflexion ou le milieu social).

A noter également que dans notre société, l'estime de soi est souvent liée au rejet ou à l'approbation d'autrui. Être apprécié semble plus important qu'être performant. Alors que l'estime de soi, c'est d'abord s'aimer, quelques soient les autres. Ainsi, l'estime de soi consolide notre confiance en soi : "j'ai envie de et je me sens capable de".

Dans le mécanisme dignité, estime de soi, puis confiance en soi, vient enfin l'affirmation de soi.

Selon l'OMS, être en bonne santé ne signifie pas seulement l'absence de maladie, mais être dans un état complet de bien-être physique, mental et social ; trouver l'équilibre entre bonne santé et qualité de vie signifie que notre existence y trouve sens. Ce bien-être dépend de la satisfaction de nos besoins. Les besoins primaires (physiologiques et de sécurité) étant la base de la pyramide de Maslow, la problématique sanitaire se poursuit plus subtilement lors de la satisfaction (ou non) des besoins secondaires et tertiaires (appartenance, estime de soi et besoin d'accomplissement de soi).

L'harmonie entre la dignité, l'estime de soi, et la confiance en soi permettra de nourrir efficacement et raisonnablement notre affirmation de soi. Grâce à cela, nous pourrons tendre vers l'accomplissement de soi. Nous pourrons de façon adaptée (et non sur-valorisée) nous montrer ferme par rapport à ce que nous considérons comme légitime ou non, défendre notre point de vue, ou faire une demande. On parle d'alignement avec ses valeurs et son estime de soi.

Lorsque l'équilibre est trouvé, le " j'ai envie de et je me sens capable de ", devient alors un cycle, une lecture en boucle. " Si j'ai envie de alors je me sens capable de, ce qui induit mon envie de ".

Mais comment s'exprime la confiance en soi ?

Être capable de se féliciter de ses expériences et d'accepter ses échecs fait de la confiance en soi une force qui nous permet d'avancer dans nos entreprises. La confiance en soi rend fort et libre. Nous cultivons notre désir, notre volonté et notre curiosité ; nous nous sentons libres de former des projets et de les réaliser dans un contexte social, familial ou personnel.

Nous sommes ici dans le cas de figure type où la confiance en soi s'exprime de façon fluide depuis la dignité jusqu'à l'affirmation de soi. Toutefois certains événements au cours de la vie altèrent notre confiance en soi. *Nicole Guédeney*, pédopsychiatre rappelle dans *Les racines de l'estime de soi : apports de la théorie de l'attachement*, que la construction de l'estime et de la confiance en soi est prioritaire les cinq premières années de vie. Or, si elle est réalisée de façon insécure, l'équilibre psychique s'en trouve altéré.

Ce que confirme *Moussa Nabati*, lorsqu'il affirme que " ce n'est pas l'adulte qui souffre, mais son enfant intérieur. "

Si dès le plus jeune âge, la figure parentale, figure d'attachement validante n'a pas su répondre de manière adéquate, rapide, sensible et sécurisante, notre Soi émotionnel sera perturbé dès le début de notre construction.

Appartenant à une espèce sociale, notre Soi émotionnel évolue au travers de nos interactions sociales. Nous avons une influence les uns sur les autres directement ou indirectement. Or, ces expériences sociales peuvent mettre en péril notre confiance et notre estime de soi au point de nous mettre en situation d'échec récurrente. Nous manquerons d'une base de sécurité digne de confiance, hésiterons à nous élancer vers l'exploration et nous serons vulnérables en cas de situations troublantes.

Cela pousse d'ailleurs la personne en souffrance, à se refuser à toute initiative d'action.

Selon *Christophe André*, psychiatre, ce " désir de rester triste " paraît plus confortable car c'est un " terrain de connaissance " : j'ai l'habitude d'échouer, cela ne changera jamais, donc j'évite tout projet.

D'autres sources d'altération de la confiance en soi, outre la construction à notre origine (enfance), et les échecs sociaux (mauvaises expériences), peuvent surgir, nous confinant dans la souffrance, et l'altération de notre bien-être. Illustrons avec le cas des personnes à Haut Potentiel Intellectuel. On pourrait facilement croire qu'être " surdoué " est garant d'une personnalité et d'une vie épanouies. Or, ces personnes possèdent un fonctionnement cérébral atypique (architecture neuronal, sollicitation de zones cérébrales particulières), ce qui leur impose une approche du monde environnant et un traitement de l'information différent de la " norme " les plaçant ainsi en difficulté d'estime de soi. Il en va de même pour les personnes autistes (l'autisme étant un trouble neuro-développemental, et non un trouble psychiatrique) dont les témoignages d'adultes en souffrance abondent. Certains vont jusqu'à remettre en question leur dignité face à leur souffrance.

Citons également les personnes victimes d'accident, de la maladie, du décès d'un proche, d'un licenciement, d'une situation de handicap (visible ou invisible), ou d'événements traumatiques (violences conjugales, divorce, viols, etc.).

L'estime, la confiance et l'affirmation de soi sont à réactualiser au cours de notre vie. Il s'agit de se mettre à jour régulièrement, comme on pourrait le faire avec le système d'exploitation de notre téléphone, ou de notre ordinateur, afin d'être le plus en phase possible (bien-être et qualité de vie). Pourquoi ? Parce que ces trois composantes sont le système immunitaire de notre psychisme.

Ainsi, l'apprentissage et la remise à niveau de l'estime et de la confiance en soi améliorent nos chances de survie.

Comment favoriser cette confiance en soi ?

Témoignages

Lorsqu'il est abordé la question de la confiance en soi, force est de constater certaines réactions de perplexité, mais il en ressort globalement une volonté, un engagement.

Voici quelques réactions à l'occasion d'un sondage rapide sur la question :

" C'est un sujet ultra complexe, qui, à mon sens fait appel à l'enfance de prime abord. "

" J'adore le sujet "

" Ce qui me vient...Elle repose sur l'expérience, en partie...Elle s'exprime par la stabilité de comportement et de gestion des émotions. "

"On peut la favoriser en observant, écoutant des personnes confiantes."

" 'En écoutant des personnes confiantes' : à nuancer car beaucoup de gens de convictions par expérience font de terribles erreurs. Bosser la nuance. " *Kantaly de Rochas* (KdR)

" Comment peut-on la favoriser ? En se répétant régulièrement nos qualités et nos accomplissements positifs ? " (KdR)

" En se rappelant toutes les expériences, bonnes et mauvaises que nous avons su surmonter. "

Identifier en son Soi, l'origine du manque de confiance est l'une des premières étapes. Procéder à une introspection est primordial. Nous pouvons trouver écrits et vidéos à foison sur le net, pour nous aider dans notre démarche personnelle.

On ne peut réparer le passé, mais on peut ne plus souffrir de ce sentiment d'incapacité et d'impuissance. Que révèle notre auto-évaluation ?

Voici quelques interrogations utiles à notre apprentissage :

Sommes-nous emprisonnés par des limites que nous nous imposons ? Nous considérons-nous comme légitimes sur terre ? Sommes-nous réellement prêts à accepter notre droit d'être Soi, de nous exprimer, d'explorer le monde ? La confiance en soi est-elle un simple concept intellectuel que nous n'arrivons pas à intégrer émotionnellement ? Sommes-nous prêts à ne plus nous empêcher de ?

Plus concrètement, avons-nous peur :

- du regard des autres,
- de nos capacités,
- et de nos échecs ?

Pour réaliser une auto-évaluation positive, nous devons nous défaire de la résignation et ouvrir notre esprit. Il s'agit de casser la spirale de l'échec et transformer le " cela prouve que je suis nul " en " après la pluie, le beau temps : des succès viendront ".

Il faut transformer en expérience constructive nos échecs, accorder plus d'importance à notre propre regard, et apprendre à développer des ressources pour développer des capacités.

Il existe de nombreuses façons de se faire aider. Certains font appel à un psychologue du développement, d'autres utilisent les services d'un coach en développement personnel, ou pratiquent la méditation de pleine conscience. On peut également se livrer à une activité gratifiante émotionnellement, véritable renforçateur de confiance en soi.

A ce propos, le psychiatre *Frédéric Fanget* propose quelques exercices dont le but est " d'acquérir de l'expertise dans le ou les domaines où nous nous estimons qualifié et dans lesquels nous éprouvons du plaisir. Ce n'est qu'associé à une émotion positive (fierté, gaieté, légèreté d'esprit) que le sentiment d'expertise produit de la confiance et la renforce durablement. "

L'activité artistique est un formidable outil. Elle stimule de façon probante et globale, car elle met en jeu des mécanismes :

- physiologiques : impression, ressentis, se percevoir comme aimable (estime de soi),

- mentaux de planification ou de mémorisation : émotions, activation des fonctions cognitives, intention, élan, passage à l'action (confiance en soi),

- sociaux d'échanges et de partage : montrer, exposer, communiquer (affirmation de soi et estime des autres).

L'art-thérapeute lors de l'état de base et au cours de l'Opération Artistique, telle que proposée par *Richard Forestier*, enseignant, chercheur et écrivain en art-thérapie, identifie où se situe l'altération dans le processus et la souffrance pour établir un objectif thérapeutique le plus adapté et ciblé, et suivre une stratégie.

Trouver l'instant de plaisir qui deviendra émotion et servira la cause de l'objectif thérapeutique.

Certains exercices paraissant anodins sont capables de déclencher de grands changements : désamorcer un état, évacuer un stress, prendre des risques, se libérer du jugement d'autrui, apaiser, s'aimer, favoriser le lâcher-prise, donner une forme à ses peurs et stimuler la confiance en soi.

Ainsi, se faire aider nous permet de réapprendre à :

- s'engager efficacement dans l'action,

- réussir une auto-évaluation objective,
- et favoriser son bien-être émotionnel.

Nous pourrons alors comme le souligne *Pierre Rabhi*, écrivain et écologiste, dans son ouvrage *Vers la sobriété heureuse*, viser une cohérence intérieure qui nous donnera le sentiment d'être à sa véritable place dans la diversité du monde. Abandonner l'état de compétition et se rapprocher de ce que nous enseigne la nature.

Table des matières

Introduction	7
Amour et souffrance	10
Bonheur	18
Confinement	24
Couleur	42
Courage	44
Dépression	45
Désillusion	46
Folie	47
Haine	48
Hypersensibilité	52
Imprévu	54
Incapacité	56
Interactions sociales	57
Manipulation	63
Masque social	65

Mémoire	66
Mort	67
Obstination	68
Peur	71
Production	74
Renaissance	75
Valeur(s)	76
Vie	80
Faits divers	83
Haïkus livresques	83
Journal de réseau	90
Conclusion	109
Illustrations	127
Références	129

Illustrations

Arythme	9
Ready	19
Connectome	29
Désillusion	39
Insanity colors	49
Life flavour	59
Until you try	69
Construction	77
Certitudes	89
Peace of mind	99

Ces illustrations sont protégées par copyright, et sont la propriété de Ruthy Petillantist, artiste peintre. Vous êtes autorisé à les reproduire, ou à les photocopier afin de les mettre en couleur, selon vos ressentis. Toute reproduction à des fins commerciales est interdite.

Références

Accius, Lucius	70
Aguirre, Raul Gustavo	13
André et Lelord	112
André, Christophe	31, 114, 117
Aristote	76
Audiard, Michel	102
Ballou, Hosea	51
Beaumarchais, Pierre-Augustin Caron de	23
Bellegarde, Dantès	51
Bobin, Christian	55
Boine Persen, Mari	71
C2C	18
Catulle	17
Christie, Agatha	58, 62
Christine and the Queens	104
Connolly, Cyril	16
Dalí, Salvador	94
Duclos, Germain	114
Duka, Béatrice	57
Duncan, Isadora	15
Eltchaninoff, Michel	79
Fanget, Frédéric	122
Forestier, Richard	20, 123
Freud, Sigmund	110
Fromm, Erich	12
Guédeney, Nicole	116
Hölderlin, Friedrich	11
Holmes, Sherlock	91, 92, 93, 94, 98
Horace	21, 48
Jardin, Alexandre	109
Juvénal	52
Kandinsky, Vassily	75
Kierkegaard, Søren	16

Ky-Yut, Chan	43
Lamy, Isabelle	40
Le Guin, Ursula	15
Lo Pinto, Guy	40
Maslow, Abraham	113
Matisse, Henri	22
Maupassant, Guy de	10, 16, 72, 73
Mercier, Arnaud	36
Miro, Joan	35, 46
Musil, Robert	14
Nabati, Moussa	110, 116
Ortoli, Sven	79
Paratge	20
Paton, Alan Stewart	72
Petitcollin, Christel	17, 53
Philip, Christine	36
Platon	20
Pleynet, Marcelin	46
Poirot, Hercule	58, 62
Rabhi, Pierre	124
Reeves, Keanu	18, 62, 75, 79
Rochas, Kantaly de	22, 120
Saever, Laurent de	41
Sappey-Marinier, Dominique	28
Sénèque	44, 79
Siaud-Facchin, Jeanne	53
Solomos, Dionysios	73
Terrien seul	65
Théognis	18
Trenet, Charles	21
Valéry, Paul	109
Von Hofmannsthal, Hugo	43

Notes personnelles